A vida silenciosa

Dados Internacionais de Catalogação na Publicação (CIP)
(Câmara Brasileira do Livro, SP, Brasil)

Merton, Thomas, 1915-1968
  A vida silenciosa / Thomas Merton ; traduzido pelas Monjas do Mosteiro da Virgem. Petrópolis. – 6. ed. – Petrópolis, RJ : Vozes, 2024. – (Série Clássicos da Espiritualidade)

  Título original: The silent life

  ISBN 978-85-326-6737-3

  1. Ordens monásticas e religiosas
  2. Vida monástica e religiosa I. Título. II. Série.

24-195059   CDD-255

Índices para catálogo sistemático:

1. Vida monástica : Cristianismo   255
Cibele Maria Dias – Bibliotecária – CRB-8/9427

Thomas Merton

A vida silenciosa

Traduzido pelas Monjas do Mosteiro da Virgem, Petrópolis

© 1957 by the Abbey of Our Lady of Gethsemani.

Tradução do original em inglês intitulado *The Silent Life*

Direitos de publicação em língua portuguesa – Brasil:
2008, 2024, Editora Vozes Ltda.
Rua Frei Luís, 100
25689-900 Petrópolis, RJ
www.vozes.com.br
Brasil

Todos os direitos reservados. Nenhuma parte desta obra poderá ser reproduzida ou transmitida por qualquer forma e/ou quaisquer meios (eletrônico ou mecânico, incluindo fotocópia e gravação) ou arquivada em qualquer sistema ou banco de dados sem permissão escrita da editora.

CONSELHO EDITORIAL

Diretor
Volney J. Berkenbrock

Editores
Aline dos Santos Carneiro
Edrian Josué Pasini
Marilac Loraine Oleniki
Welder Lancieri Marchini

Conselheiros
Elói Dionísio Piva
Francisco Morás
Gilberto Gonçalves Garcia
Ludovico Garmus
Teobaldo Heidemann

Secretário executivo
Leonardo A.R.T. dos Santos

PRODUÇÃO EDITORIAL

Aline L.R. de Barros
Marcelo Telles
Mirela de Oliveira
Otaviano M. Cunha
Rafael de Oliveira
Samuel Rezende
Vanessa Luz
Verônica M. Guedes

Conselho de projetos editoriais
Isabelle Theodora R.S. Martins
Luísa Ramos M. Lorenzi
Natália França
Priscilla A.F. Alves

Editoração: Andrea Bassoto Gatto
Diagramação: Editora Vozes
Revisão gráfica: Lorena Delduca Herédias
Capa: Editora Vozes
Ilustração de capa: Lúcio Américo de Oliveira

> Nota do editor:
> A reedição desta obra é resultado de um projeto da Editora Vozes juntamente com a Associação Thomas Merton – Brasil, para manter disponível ao público de língua portuguesa o legado espiritual de Thomas Merton.

ISBN 978-85-326-6737-3 (Brasil)
ISBN 978-0374-51281-1 (Estados Unidos)

Este livro foi composto e impresso pela Editora Vozes Ltda.

Sumário

Apresentação, 7
Prólogo, 13
Prefácio, 21

I – A paz monástica, 27

1 *Puritas cordis* (pureza de coração) 27
2 *In veritate* (na verdade) 45
3 *In laboribus multis* (em muitos trabalhos) 50
4 *In tabernaculo altissimo* (em tabernáculo altíssimo) . . . 57
5 *In unitate* (na unidade) 68

II – A vida cenobítica, 79

1 São Bento 79
2 Os beneditinos 88
3 Os cistercienses 112

III – A vida eremítica, 143

1 Os cartuxos 143
2 Os camaldulenses 158

Epílogo, 185

Apresentação

Thomas Merton nem sempre esteve à vontade com sua vocação para a escrita. Se antes de entrar para a vida religiosa ele tinha ambições literárias, posteriormente acreditou que sua vida como monge trapista seria uma rotina de silêncio e anonimato, uma espécie de lugar existencial em que ele não teria o que dizer, nem por meio da comunicação oral, nem por meio da escrita.

Mas se para Merton ler era quase como respirar, escrever significava uma forma de organizar seu mundo interior, nomear suas dúvidas e perplexidades, lançar luzes sobre os abismos de si mesmo. Tanto lhe era fascinante olhar para a própria história pessoal – exercício que bem fez ao mergulhar na escrita de sua autobiografia – como examinar o entorno onde se movimentava – a vida monástica –, e descrevê-la a partir de como a compreendia. Se a escrita de si poderia ajudá-lo a rever os caminhos percorridos e traduzir em palavras os sentimentos que pulsavam em seu coração e as ideias que transbordavam de sua mente, a escrita sobre a vida religiosa poderia contribuir para que ele compreendesse em maior extensão o lugar onde havia decidido viver o resto da existência.

A vida silenciosa é fruto dessa busca. Citada por Merton como "uma meditação sobre a vida monástica por alguém que [...] tem o privilégio de conhecer essa vida por dentro" (p. 15), esta obra, de certa forma, faz o leitor adentrar o universo em que o autor alegou ter vivido os seus mais profundos, felizes e, também, terríveis momentos de sua vida[1]. Nesse sentido, suas páginas falam não apenas da experiência religiosa no contexto monástico, mas também, marginalmente, do chão por onde ele caminhou durante a segunda metade de sua vida.

O interesse de Merton em refletir e escrever sobre a vida monástica já estava presente em 1949, quando da publicação de *As águas de Siloé*, em que ele descreveu a Ordem Cisterciense e enfatizou o seu caráter essencialmente contemplativo. Mas quando, em 1962, ele fez uma avaliação de sua obra produzida até aquele momento, considerou que o texto de 1949 ainda não tinha a mesma maturidade de *A vida silenciosa*, a seu ver mais condizente com a evolução de seu pensamento sobre o monasticismo.

Esse amadurecimento é compreensível: mais especialmente a partir dos anos de 1950, a atração de Merton por uma vida ainda mais silenciosa e de natureza eremítica foi se tornando uma urgência interior e, já em 1952, ele cogitava seriamente deixar a Abadia de Gethsemani e entrar para a Ordem Cartuxa. Mais tarde, no verão de 1955, ele já conhecia suficientemente as características de outra Ordem, os Camaldulenses, para acreditar que a experiência mais radical de oração e silêncio proposta por eles seria mais fiel às suas aspirações.

O período compreendido entre 1952 e 1956 contou com uma intensa troca de cartas entre Merton e a Ordem Camaldulense para viabilizar essa movimenta-

---
1. Daggy, R. E. (org.). Dancing in the water of life. *The journals of Thomas Merton*. v. 5 – 1963-1965. Nova York: HarperSan Francisco, 1997.

ção. A empreitada, no entanto, não restou concretizada, mas de todo modo estimulou a imersão mais profunda de Merton nas leituras e reflexões sobre a vida monástica em suas diferentes camadas, o que permitiu que *A vida silenciosa* viesse à luz em 1957, como um pequeno compêndio que aborda com propriedade tanto as Ordens Cenobíticas (beneditinos e cistercienses) como as Ordens Eremíticas (cartuxos e camaldulenses).

O texto da presente obra não se trata, portanto, de um retrato produzido por um fotógrafo de ocasião, mas por um homem apaixonado que circulou por esse universo de informações e o reconstruiu na forma de texto usando como tijolos não apenas suas pesquisas, mas também seus desejos, sonhos e identificações.

Mas, é claro, Merton não seria Merton se apenas se dedicasse a descrever a vida das Ordens Monásticas. Ele, que sempre foi tão atento aos potenciais e aos impasses da questão identitária, aproveitou a oportunidade da escrita para refletir sobre a identidade do monge e sua inserção no mundo. Adicionalmente, também encontrou lugar para usar seu senso crítico e tocar de forma precisa em delicados pontos relacionados à paz monástica.

É possível que o leitor, ao passar os olhos por esta Apresentação, pergunte a si mesmo se o presente texto traz utilidade e interesse para leigos tao distantes quanto desinteressados de participar de uma Ordem Contemplativa. O que pode ser antecipado aqui é que Merton não quer convencer ninguém a entrar para a vida religiosa e passou longe de seu projeto a escrita de um texto apologético.

Ao abordar de forma simples o cotidiano da experiência monástica, bem como alguns fatos relevantes da história e da espiritualidade que a fundamenta, ele está, na verdade, levantando questões essenciais que fazem parte da agenda de qualquer pessoa, religiosa ou leiga, que busca desenvolver uma perspectiva contemplativa de Deus e que se dispõe, nessa busca, a amparar-se numa vida em que estejam robustamente presentes a oração, o recolhimento, o silêncio e a solidão.

Muito do que Merton reflete nesta obra toca em questões profundas que transcendem o mero caráter informativo e implicam o leitor em suas questões mais vitais, seja ele religioso ou leigo.

Reflete o autor:

> Nem todos os homens são chamados à vida eremítica, mas todos necessitam de uma certa dose de silêncio e solidão para permitir-lhes ouvir, ao menos ocasionalmente, a voz interior profunda de seu verdadeiro "eu". Quando essa voz não é ouvida, quando o homem não consegue atingir a paz espiritual que vem do fato de estarmos em perfeita união com o nosso ser verdadeiro, a vida torna-se desgraçada e exaustiva. Pois o homem não pode por muito tempo ser feliz se não se mantém em contato com as fontes de vida espiritual, ocultas nas profundezas de sua alma (p. 153).

Se a vida monástica não precisa ser o caminho para muitos, o que ela tem a ensinar pode ser de grande valia para todos. Nesse sentido, *A vida silenciosa* é de interesse para qualquer pessoa que busca, sobretudo, uma compreensão mais profunda de si mesmo e de Deus. No que diz respeito aos leitores habituais de Merton, há um tempero a mais, pois a obra nos aproxima muito intimamente das elaborações que o autor produzia enquanto fazia seu próprio discernimento acerca de novos caminhos para seu percurso espiritual.

Merton conseguiu adentrar os portões das Ordens Cartuxa e Camaldulense? Não. Ele permaneceu como monge trapista até sua Páscoa. Mas, se por um lado, deixou de viver uma desejada experiência numa Ordem Eremítica, por outro trouxe a vida eremítica para dentro de seu monastério trapista, tendo vivido seus três últimos anos morando sozinho numa modesta instalação dentro da propriedade do Gethsemani.

De alguma forma, esse percurso de vida permeado por situações nas quais sua vontade foi frustrada beneficia a todos, pois sua experiência nos mostra que, seja dentro de uma forma ou de outra de observância à regra beneditina, ou seja, na vida leiga, o espírito monástico pode ser encarnado por qualquer pessoa. Afinal, conforme diz Merton, o monge é essencialmente homem de oração e penitência e a vida monástica é a cruz de Cristo (p. 66).

Se assim é, estamos todos juntos na mesma peregrinação, pois orar, libertar-se das próprias imperfeições e carregar a própria cruz é dever de cada cristão, esteja ele na solidão de uma cela ou trabalhando em sofisticados prédios de fachada de vidro na vida secular.

Nilson Perissé
Associação Thomas Merton

Prólogo
O que é um monge?

O monge é um homem chamado pelo Espírito Santo a renunciar aos cuidados, desejos e ambições dos outros homens para dedicar toda a sua vida à procura de Deus. O conceito é conhecido. A realidade significada pelo conceito é um mistério. Pois, concretamente, ninguém na Terra sabe com precisão o que seja "buscar a Deus" enquanto não se tiver posto em marcha para achá-lo. Homem algum pode dizer a outro em que consiste essa procura se esse outro não for, ao mesmo tempo, iluminado pelo Espírito que fala em seu coração. Em suma, ninguém pode procurar Deus a não ser que já tenha começado a encontrá-lo. Ninguém pode encontrar Deus sem que primeiro Deus o tenha encontrado. O monge é o homem que procura Deus porque por Ele foi achado.

Em resumo, um monge é um "homem de Deus". Uma vez que todos os homens foram criados por Deus para que pudessem encontrá-lo, todos são, de certo modo, chamados a serem "homens de Deus". Mas nem todos são chamados a serem monges. Um monge, portanto, é alguém chamado a dar-se exclusiva e perfeitamente ao único necessário a todos os homens – a busca de Deus. A outros é-lhes permitido procurar Deus por caminho menos direto, levar no mundo uma vida digna, fundar um lar cristão. O monge põe essas coisas de lado, embora possam ser boas. Dirige-se a Deus pelo atalho direto, *recto tramite*. Retira-se do "mundo". Entrega-se inteiramente à oração, à meditação, ao estudo, ao trabalho, à penitência, sob o olhar de Deus. A vocação do monge se distingue até das outras vocações religiosas, pelo fato de que ele se dedica essencial e exclusivamente à busca de Deus, em lugar da busca das almas para Ele.

Encaremos o fato de que a vocação monástica tem tendência a se apresentar ao mundo moderno como um problema e um escândalo.

Numa cultura basicamente religiosa, como a da Índia ou a do Japão, o monge é, por assim dizer, coisa normal. Quando a sociedade inteira está orientada para além da busca meramente transitória dos negócios e do prazer, ninguém se espanta de que homens dediquem a vida a um Deus invisível. Numa cultura materialista, porém fundamentalmente irreligiosa, o monge se torna incompreensível porque ele "não produz nada". Sua vida parece ser completamente inútil. Nem mesmo os cristãos têm sido isentos dessa ansiedade por causa da aparente "inutilidade" do monge. Estamos acostumados com o argumento de que o mosteiro é uma espécie de dínamo que, embora não "produza" a graça, consegue esse bem-estar espiritual infinitamente precioso para o mundo.

Os primeiros pais do monaquismo não se preocupavam com tais argumentos, se bem que possam ter valor quando bem aplicados. Eles não sentiam que a procura de Deus fosse algo que necessitasse ser defendido. Ou, antes, viam que, se os homens não tivessem, em primeiro lugar, consciência de que Deus deve ser procurado, nenhuma outra defesa do monaquismo adiantaria.

Deus deve, então, ser procurado?

A mais profunda lei no ser do homem é sua necessidade de Deus, de vida. Deus é vida. "Estava nele a vida e a vida era a luz dos homens. E a luz brilhou nas trevas e as trevas não a compreenderam" (Jo 1,4-5). Compreender a luz que no meio delas brilha é a maior necessidade que têm nossas trevas. Por isso deu-nos Deus como seu primeiro mandamento: "Amarás o Senhor teu Deus de todo o teu coração, de toda a tua alma, de todas as tuas forças". A vida monástica nada mais é do que a vida daqueles que tomaram o primeiro mandamento com a maior seriedade e, como diz São Bento, "nada preferiram ao amor de Cristo".

Mas quem é Deus? Onde está?

O monaquismo cristão é a busca de alguma pura intuição do Absoluto? Um culto do Bem Supremo? A adoração da Beleza perfeita e imutável? O próprio vazio de tais abstrações torna o coração frio. O Santo, o Invisível, o Todo-Poderoso é infinitamente maior e mais real do que qualquer abstração inventada pelo homem. Mas Ele próprio disse: "O homem não me pode ver e viver" (Ex 33,20). Entretanto o monge persiste em exclamar com Moisés: "Mostra-me a Tua face" (Ex 33,13).

O monge, portanto, é alguém que procura tão intensamente a Deus que está pronto a morrer para poder vê-lo. Por isso é que a vida monástica é tanto um "martírio" quanto um "paraíso"; uma vida, ao mesmo tempo, "angélica" e "crucificada".

São Paulo resolve, do seguinte modo, o problema: "Deus que disse: 'Do seio das trevas brilhe a luz' foi quem fez brilhar sua luz em nossos corações, para que façamos brilhar o conhecimento da glória de Deus, que resplandece na face de Jesus Cristo" (2Cor 4,6).

A vida monástica é a rejeição de tudo que obstrui os raios espirituais dessa misteriosa luz. O monge é alguém que deixa atrás de si a ficção e as ilusões de uma espiritualidade meramente humana para mergulhar na fé em Cristo. A fé é a luz que o ilumina no mistério. É a força que se apodera das íntimas profundezas de sua alma e o entrega à ação do Espírito divino. Espírito de liberdade. Espírito de amor. A fé o segura e, como outrora fez com os antigos profetas, "firma-o sobre seus pés" (Ez 2,2) diante do Senhor. A vida monástica é vida no Espírito de Cristo, vida em que o cristão se dá inteiramente ao amor de Deus, que o transforma na luz de Cristo.

"O Senhor é o Espírito, e onde está o Espírito do Senhor, ali está a liberdade. E todos nós que, com o rosto descoberto, refletimos como espelhos a glória do Senhor, nós nos transformamos nesta mesma imagem, cada vez mais resplandecente, conforme a ação do Senhor, que é Espírito" (2Cor 3,17-18). O que São Paulo diz da vida interior de todo cristão torna-se, em realidade, o principal objetivo do monge vivendo em solidão no claustro. Procurando a perfeição cristã, o monge procura a plenitude da vida cristã, a inteira maturidade da fé cristã. Para ele, "viver é o Cristo".

Para estar livre da liberdade dos filhos de Deus, o monge renuncia ao exercício da sua própria vontade, ao direito à propriedade, ao amor do conforto e do bem-estar, ao orgulho, ao direito de fundar uma família, à faculdade de dispor do seu tempo como bem entende, a ir aonde quer e a viver conforme bem lhe parece. Vive só, pobre, em silêncio. Por quê? Por causa daquilo em que ele crê. Crê na palavra de Cristo que prometeu: "Em verdade vos digo: Não há ninguém que tenha abandonado a casa ou os pais, ou os irmãos, ou a esposa, ou os filhos, por causa do reino de Deus, e que não receba muito mais no tempo presente, e, no século futuro, a vida eterna" (Lc 18,29-30).

Este livro é uma meditação sobre a vida monástica por alguém que, sem nenhum mérito seu, tem o privilégio de conhecer essa vida por dentro. Se há nestas páginas algo de valor, vem não de algum talento especial do autor; este procura apenas servir de porta-voz a uma tradição multissecular, como indigno descendente de São Bento e dos primeiros Apóstolos, a quem todos os monges consideram como seus pais espirituais.

Assim como nada há de mais detestável do que a tentativa de fazer propaganda da vida monástica, não há coisa mais agradável do que a esperança de poder tornar mais conhecido o mistério íntimo de uma vida tão rica da misericórdia e da bondade de Deus.

Nestas páginas consideraremos primeiramente alguns dos aspectos da vida monástica como tal. Em seguida, falaremos das mais importantes Ordens Monásticas que florescem na Igreja na época atual. É nossa intenção dar uma ideia do espírito monástico como se encontra entre os cenobitas (beneditinos e cistercienses) e os eremitas (cartuxos e camaldulenses).

Falando da sublimidade do ideal monástico e da excelência desse modo de vida particular, de maneira alguma queremos dar a impressão de que as Ordens Monásticas sejam, por sua própria natureza, superiores aos outros institutos religiosos, pois, afinal, a dignidade principal do monge encontra-se no fato de ter ele abandonado qualquer espírito de concorrência e a busca da glória humana, contentando-se em ser o último de todos. Falando de modo mais exato, não tem o monge uma norma que lhe permita comparar-se aos outros religiosos. Seus olhos não estão voltados para os campos de batalha da planície, dirigem-se para o deserto onde Cristo será visto novamente, à direita do Pai, vindo na glória sobre as nuvens do céu.

O horizonte monástico é, nitidamente, o do deserto. Mesmo quando escreve para cristãos no mundo ou pinta para alguma paróquia ou comunidade a imagem de Cristo Rei, tem o monge seu rosto voltado para o deserto. Seus ouvidos não estão atentos aos ecos do apostolado que investe sobre a cidade de Babilônia, e, sim, ao silêncio das longínquas montanhas em que os exércitos de Deus e do inimigo se defrontam em misterioso combate, do qual a luta no mundo é apenas pálido reflexo.

A Igreja monástica é a Igreja do deserto, é a Mulher que fugiu para o ermo, a fim de escapar do dragão que procura devorar o Verbo Menino. É a Igreja que, por seu silêncio, nutre e protege a semente do Evangelho plantada pelos apóstolos no coração dos fiéis. É a Igreja que, pela oração, obtém a fortaleza para os apóstolos, eles próprios tantas vezes oprimidos pelo monstro. A Igreja monástica é a que foge para um lugar especial que lhe foi preparado por Deus no deserto, esconde seu rosto no Mistério do silêncio divino e ora enquanto se desenrola a luta do grande combate entre a Terra e o céu.

Sua fuga não é uma evasão. Se o monge fosse capaz de compreender o que se passa dentro dele, poderia dizer que muito bem sabe como o combate está sendo travado em seu próprio coração.

Prefácio

Em nosso país, Thomas Merton já é mais que conhecido, e suas obras são apreciadas por numerosos leitores interessados em problemas religiosos do nosso tempo. Como disse Alceu Amoroso Lima, "Thomas Merton é o Newman dos Estados Unidos do século XX". É suficiente, pois, neste curto Prefácio, chamar a atenção do leitor para o alcance deste livro em particular.

The silent life é um pequeno compêndio sobre a vida monástica, e sem dúvida dos melhores de quantos foram escritos recentemente sobre a matéria. Merton já tratou em várias obras o tema da vida monástica. É mesmo o seu tema principal. Todavia em nenhum outro livro resumiu tão bem e com tanta simplicidade, sem deixar de ser profundo, o que o estado monástico tem de essencial e característico. Já o título coloca o leitor em atmosfera propícia para compreender uma das ideias mais fundamentais do pensamento mertoniano.

Essa ideia não aparece expressa nos termos que aqui usamos, mas nem por isso deixa de constituir uma das colunas de toda a concepção do monaquismo segundo Merton e, para que nao dizer, do monaquismo *tout court*. A ideia é que o silêncio de tal maneira faz parte do estado de monge, que o monaquismo pode por ele ser definido. O silêncio é primeiramente coisa do espírito, é o silêncio interior, sem o qual o silêncio exterior ou material nada vale. Mas é também, secundariamente, um exercício exterior, de tal modo que todo monge, para ser verdadeiramente monge, tem de viver separado do mundo e conhecendo um mínimo de silêncio material, sem o qual não existe propriamente vida monástica.

Penso que o autor, ao escolher o título do livro, tenha tido em vista particularmente as dificuldades que o mundo atual opõe à realização da vida monástica. É com efeito dificílimo, em nossos dias, formar o ambiente próprio para o desenvolvimento de um autêntico monaquismo. Entre monaquismo e vida contemplativa há uma união indissolúvel. Impossível a existência de um sem a outra.

O monge é aquele que vive a vocação da adoração a Deus, da procura de Deus pela vida interior. Para isso é necessário, é indispensável, um mínimo de silêncio material. Ora, esse mínimo está, na maioria das vezes, além das possibilidades ou mesmo da vontade dos homens de nossos tempos. Vivemos num mundo não somente de ação, mas de agitação. O rádio, a televisão, a incrível facilidade das comunicações, os divertimentos e as comodidades que nos proporcionaram o desenvolvimento da técnica, conquanto sejam coisas fundamentalmente boas, não deixam, entretanto, de facilitar certa preguiça da inteligência e da boa vontade que dificultam extremamente a vida interior. Como, no entanto, o homem foi feito por Deus para essa vida interior, é natural que a ausência dela provoque uma reação caracterizada por uma busca da autêntica vida contemplativa. É essa reação que explica o renovado interesse pela vida monástica e contemplativa que se observa em nossos tempos e do qual Merton é um dos expoentes mais conhecidos e de maior valor.

Ao intitular a obra *The silent life*, ele não somente resumiu o seu conteúdo, mas também lançou um apelo que haveria de atingir seguramente os leitores, homens do século XX, que esperam no monaquismo restabelecer o equilíbrio no ambiente tão radicalmente ativista em que vivem. O livro, como dissemos anteriormente, consiste numa exposição simples e resumida do que é, hoje em dia, o monaquismo.

A primeira parte trata das ideias básicas de toda vida monástica. O autor explana magistralmente e com sua simplicidade costumeira as virtudes fundamentais do monge, a humildade, a *puritas cordis* (que ultrapassa muito a pureza no sentido de castidade), a obediência, a caridade.

Na segunda e terceira partes, entra no exame da situação concreta e atual do monaquismo e segue a divisão tradicional que distingue vida cenobítica e vida eremítica.

A segunda parte expõe a situação atual do cenobitismo. Começa com uma curta consideração sobre a figura de São Bento, cuja posição e cujo valor em relação ao monaquismo não poderiam ser mais bem acentuados. Em seguida, passa a examinar as formas atualmente existentes de cenobitismo baseadas na Regra de São Bento.

Já em Águas de Siloé, o autor havia descrito a formação e o desenvolvimento do monaquismo beneditino, mas estava mais preocupado em narrar a história da Ordem dos Cistercienses de Estrita Observância (trapistas), de modo que essa forma particular de cenobitismo beneditino é evidentemente muito mais acentuada do que as outras.

A atual exposição é mais curta, porém mais equilibrada e completa. Dá ênfase às realizações de influência mais profunda e universal, como as dos Mosteiros de Solesmes e La Pierre-qui-Vire. Não deixa, porém, de chamar a atenção sobre as experiências mais recentes, que em geral representam tentativas de volta à simplicidade e à letra da Regra de São Bento. Entre elas menciona a fundação de Cuernavaca, no México, e a de Mount Savior, em Elmira, Estados Unidos. No Brasil, iniciou-se há pouco tentativa semelhante, em Serra Clara, sul de Minas. As tradutoras encerram na presente edição uma nota sobre essa nova fundação beneditina em nosso país.

A terceira parte trata das formas de eremitismo e semieremitismo. Podemos assinalar as interessantes considerações do autor sobre a forma apresentada pela Ordem de Camaldoli que são, a nosso ver, pouco conhecidas e merecem com razão um especial destaque.

Um curto Epílogo termina o livro, em que Merton lembra que o monge, apesar de viver separado do mundo, não é desinteressado pelos seus semelhantes, uma vez que esse afastamento redunda no máximo benefício da humanidade. O monge permanece sempre o representante de Deus e da Igreja diante dos homens enquanto é, ao mesmo tempo, o representante da humanidade diante de Deus.

Não há dúvida de que o presente livro lançará uma poderosa luz sobre o problema do monaquismo aos olhos de muitos que procuram entender o sentido último da vida monástica. Deus permita que ele possa servir à Igreja e ao movimento monástico como já o fizeram tantos outros de Thomas Merton que a Editora Vozes, num intuito apostólico, verdadeiramente digno de todo o louvor, vem apresentando ao público brasileiro.

Dom Basílio Penido, O.S.B.
Mosteiro de São Bento
Rio de Janeiro

I
A paz monástica

1 *Puritas cordis* (pureza de coração)

Definimos o monge como o homem que tudo deixa para procurar a Deus. Essa definição, porém, não significa muita coisa se não definirmos também a busca de Deus. Não é isso uma tarefa fácil, pois Deus, como disse um dos Santos Padres, está ao mesmo tempo em toda parte e não está em parte alguma. Como posso encontrar alguém que não está em lugar nenhum? Se o encontrar, eu mesmo não estarei em lugar algum. E se não estiver em nenhum lugar, como poderei dizer que ainda sou "eu"? Existirei, ainda, para regozijar-me de o haver encontrado?

Como posso achar aquele que está em toda parte? Se está em todos os lugares está, em realidade, perto de mim e comigo e em mim; talvez acabe sendo ele, de qualquer modo, misterioso, eu próprio. Mas, então, ainda uma vez, se ele e eu somos um, haverá um "eu" que poderá regozijar-se por tê-lo achado?

Deus, ensina a filosofia, é tanto imanente como transcendente. Por sua imanência, vive e age nas profundezas metafísicas íntimas de tudo quanto existe. Está "em toda parte". Por sua transcendência, está tão acima de todo ser que conceito algum humano, limitado, pode conter e esgotar o seu ser, ou mesmo significá-lo, a não ser por analogia. Está tão elevado acima de todo o ser criado que, do seu ser e do ser finito nem mesmo se diz "ser" no mesmo sentido unívoco.

Comparado a Deus, o ser criado "não é"; comparado ao ser criado, Deus "não é", pois ele está tão acima de toda a criação que o conceito do ser, aplicado a ele significa algo de basicamente diverso do que significa quando aplicado a tudo mais. Nesse sentido, Deus "não está em lugar algum".

O monge é alguém chamado por Deus a entrar nesse dilema e nesse mistério. É, porém, mais fácil para ele porque, geralmente, não é um filósofo. Ele não procura Deus pela especulação, mas por um caminho em que há maior probabilidade de encontrá-lo – a senda obscura e secreta da fé teologal.

O monge, assim, é alguém que ouviu o Senhor proferir as palavras que uma vez falou pelo profeta: "Esposar-te-ei na fé e conhecerás que sou o Senhor" (Os 2,20).

Diz-se que a alma unida a Deus o "encontra" num vínculo tão íntimo quanto o matrimônio. Esse vínculo é a união dos espíritos na fé. Fé, aqui, significa inteira fidelidade, o dom total e o abandono de si mesmo. Quer dizer plena confiança num Deus oculto. Implica submissão à direção suave, mas imperscrutável, do seu Espírito infinitamente oculto.

Exige a renúncia às nossas próprias luzes, à nossa autoprudência e sabedoria e a todo o nosso "eu", de maneira a viver em e pelo seu Espírito. "Aquele que se une ao Senhor", diz São Paulo, "é um só Espírito com ele" (1Cor 6,17).

Ser um com alguém que não se pode ver é estar oculto, é estar em lugar nenhum, é ser ninguém, é ser desconhecido como Ele é desconhecido, esquecido como Ele é esquecido, perdido como ele, para o mundo, que contudo existe nele. Entretanto viver nele é viver pelo seu poder, é alcançar de um extremo ao outro do universo, na força de sua sabedoria, reger e formar, nele e com Ele, todas as coisas. É ser instrumento oculto de sua ação divina, ministro de sua redenção, canal de sua misericórdia, mensageiro de seu infinito amor.

Solidão monástica, pobreza, obediência, silêncio e oração dispõem a alma para esse misterioso destino em Deus. O ascetismo, por si mesmo, não produz, como resultado direto, a união divina, apenas dispõe a alma para a união. As várias práticas do ascetismo monástico têm, para o monge, valor maior ou menor na medida em que o ajudam a realizar o trabalho espiritual interior que tem de ser efetuado para tornar-lhe a alma pobre, humilde e vazia, no mistério da presença de Deus. Quando os exercícios ascéticos são mal-empregados, servem apenas para tornar o monge cheio de si e endurecer-lhe o coração na resistência à graça. Por isso é que todo o ascetismo monástico está centrado nas duas grandes virtudes da humildade e da obediência, que não podem ser praticadas como devem ser se não esvaziam o homem de si próprio.

A humildade desapega o monge, antes de tudo, daquela absorção em si mesmo que o faz esquecer-se da realidade de Deus. Desapega-o daquela fixação em sua própria vontade que o faz ignorar e desobedecer à vontade eterna de Deus, única realidade a ser encontrada. Destrói aos poucos o edifício de projetos ilusórios que o monge levantou entre si mesmo e a realidade. Despe-o da veste dos ideais espúrios que ele teceu para disfarçar e embelezar seu ser imaginário. Encontra-o e o salva, no meio de um conflito sem fim com o resto do universo – salva-o, nesse conflito, por um salutar "desespero" em que renuncia, enfim, à luta inútil para fazer-se um "deus". Quando atinge essa renúncia final, mergulha no centro da sua humildade para achar-se, enfim, no Deus vivo.

A vitória da humildade monástica é a vitória do real sobre o irreal – vitória em que ideais humanos falsos são postos de lado e o "ideal" divino é alcançado, experimentado, segurado e possuído, não numa imagem mental, mas na realidade presente, concreta e existencial de nossa vida. A vitória da humildade monástica é um triunfo da vida em que, pela integração do pensamento, da ação, do idealismo, da realidade, da oração e do trabalho, o monge descobre que vive, agora, com perfeição, com plenitude, e de modo fecundo em Deus. Contudo Deus não aparece. Exteriormente, o monge não mudou. Não tem auréola. É ainda frágil e limitado ser humano.

As coisas externas em sua vida são as mesmas de sempre. A oração, o trabalho, a comunidade monástica são os mesmos; por dentro, porém, tudo mudou e, na expressão do Apóstolo, Deus "é tudo em todos".

Pela humildade monástica, deixa o monge de nadar contra a corrente da vida. Desiste da luta sinistra e inconsciente que sempre travou para se fazer valer contra a vontade dos outros, resistir aos desejos de seus superiores, impor-se aos seus irmãos como um ser distinto e superior. Agora, não mais fala e age em seu próprio nome, mas em nome do Pai eterno. Como Jesus, seu alimento é fazer a vontade "daquele que me enviou". Com Jesus, pode dizer: "Aquele que me enviou está comigo e não me deixa só, porque eu faço sempre aquilo que lhe é agradável" (Jo 8,29).

Isso não quer dizer que o monge se torne incapaz de pecar. Na realidade, sua fraqueza e sua indigência mostraram-lhe que lhe é impossível realizar, na Terra, um estado de perfeição moral absoluta. Como São Paulo, vê-se compelido a dizer: "Segundo o homem interior, eu me comprazo na Lei de Deus; mas vejo em meus membros outra lei, que luta contra a lei de minha razão" (Rm 7,22-23). Mas, também com São Paulo, pode declarar: "Sabemos que Deus faz tudo concorrer para o bem daqueles que o amam" (Rm 8,28) e "Gloriar-me-ei feliz de minhas fraquezas, para que a força de Cristo habite em mim. Por isto me comprazo nas fraquezas, nos opróbrios, nas necessidades, nas perseguições, nas angústias, por amor de Cristo; porque quando sou fraco, então é que sou forte" (2Cor 12,9-10).

A vitória da humildade monástica é a aceitação plena da ação oculta de Deus na fraqueza, no ordinário, no insatisfatório do cotidiano. É a aceitação de nós mesmos incompletos, de maneira a que Ele possa, a seu modo, tornar-nos completos. É alegria em nosso vazio que só Ele pode ser repleto. É paz em nossa esterilidade que Ele mesmo torna imensamente fecunda, sem que possamos compreender como isso acontece.

Entretanto, para que a humildade chegue a tomar posse da nossa alma, tem o monge de renunciar finalmente e por completo a toda a preocupação e a agitação com que se esforça para esconder de si mesmo suas limitações e disfarçar em virtudes suas faltas. A perfeição não é para aqueles que se esforçam para sentir, parecer ou agir como se fossem perfeitos. É para aqueles, e só para aqueles, que estão plenamente conscientes de serem pecadores como os demais homens, mas pecadores amados, redimidos e transformados por Deus. A perfeição não é para os que se isolam em torres de marfim de uma impecabilidade imaginária; é só para aqueles que tomam o risco de macular sua pretensa pureza interior mergulhando em cheio na vida, como deve ela inevitavelmente ser vivida neste nosso mundo imperfeito: com suas dificuldades, tentações, decepções e perigos. Tampouco será a perfeição para aqueles que vivem unicamente para si, ocupando-se exclusivamente em embelezar a própria alma. A santidade cristã não é apenas questão de "recolhimento" ou "oração interior". Santidade é amor: amor a Deus acima de tudo e amor a nosso irmão em Deus. Tal amor exige, em última análise, completo esquecimento de nós mesmos.

Entretanto o monge é tradicionalmente alguém que deixa o mundo, foge da companhia dos homens e procura purificar a alma vivendo na solidão com os anjos. Não se arrisca ele, por isso mesmo, a perder todo o contato com a realidade e a privar-se da união vital com seus irmãos em Cristo, única a santificá-lo? Não será, então, a vida monástica, uma fuga para a esterilidade, um evadir-se de toda a responsabilidade de viver? Não diminui ela, completamente, e restringe a vida do homem, a ponto de cessar ele de viver, passando os dias a vegetar, vítima de piedosa ilusão?

Deve-se admitir que a toda vocação correspondem os riscos profissionais, e o monge que perde de vista o sentido do chamamento monástico poderá bem desperdiçar a vida numa estéril preocupação de si. Mas devemos precisamente procurar a razão dessa fuga do mundo que o monge efetua, no fato de que o "mundo" (o que Cristo condenou) é a sociedade daqueles que vivem exclusivamente para si.

Deixar o "mundo" significa, portanto, em primeiro lugar, deixar-se a si mesmo e começar a viver para os outros. Aquele que vive "no mundo, mas não é do mundo" é o que, em plena vida, com todas as crises que lhe são próprias, esquece de si mesmo a fim de viver para os que ama.

O mosteiro tem por objetivo criar uma atmosfera extremamente favorável ao esquecimento próprio. Se alguns monges utilizam mal a oportunidade que lhes é dada e se tornam egoístas é porque fisicamente deixaram o "mundo" levando, contudo, em seus corações, o espírito do mundo para o mosteiro. Chegaram não tanto para procurar a Deus e, sim, a seus próprios interesses, seu proveito, sua paz, sua perfeição. Chegamos, agora, ao verdadeiro segredo da vida monástica e à resposta à pergunta: o que significa procurar a Deus?

Significa viver em Cristo, encontrar o Pai no Filho, Seu Verbo Encarnado, participando pela fé e pelo dom de si mesmo da obediência, da pobreza e da caridade de Cristo.

A vida monástica não é apenas dedicada ao estudo de Cristo ou à contemplação de Cristo ou à imitação de Cristo. O monge procura *tornar-se* Cristo pela participação na paixão de Cristo.

A vida no mosteiro, diz Cassiano, é vivida "sob o sacramento da cruz" (*sub crucis sacramento*)[2]. Viver, porém, no mistério da cruz, é viver em união com Cristo, "obediente até à morte, e morte de cruz" (Fl 2,8-9).

Muitos pormenores da vida austera do monge podem ser mitigados pelos superiores. Pode haver modi-

---

2. Cassiano cita essa expressão de um dos Padres do Deserto, o Abade Pinúfio. Dirigindo-se a um jovem cenobita no dia de sua profissão, ele diz: "Considera, portanto, as condições da cruz debaixo do sacramento da qual deves viver doravante neste mundo, pois não és tu que vives, mas Aquele que por ti foi crucificado é quem vive em ti" (*Institutiones*, IV, 34, Migne, PL 49: 195).

ficação quanto à oração cotidiana, ao trabalho manual, ao jejum, ao silêncio; em uma coisa, porém, não pode haver mudança: na obrigação fundamental do monge de ser "obediente até à morte". Isso quer dizer que deve entregar, se não a própria vida, ao menos a vontade teimosa de "viver" e existir como indivíduo que busca a si mesmo e se faz valer. Renunciar ao prazer das mais caras ilusões que se tem a respeito de si próprio é morrer de maneira mais eficaz do que poderia acontecer a alguém que se deixasse matar por um ideal pessoal, claramente concebido. De fato, sabemos ser possível a um homem entregar a vida para dar testemunho da própria vontade e ilusões. Mas o que a vida monástica nos pede é a verdadeira e completa renúncia de nós mesmos. Ainda que os superiores tentem poupar a nossa fraqueza, Deus não nos poupará se verdadeiramente o procurarmos.

Contudo viver "sob o sacramento da cruz" é participar da vida de Cristo ressuscitado, pois, quando morrem nossas ilusões, dão lugar à realidade. Quando nosso falso "eu" desaparece, quando a treva de nossa autoidolatria se dissipa, então realizam-se em nós as palavras do Apóstolo: "Surge, tu que dormes, e Cristo te iluminará" (Ef 5,14). E ainda: "Deus, que disse: 'Do seio das trevas brilhe a luz', foi quem fez brilhar sua luz em nossos corações, para que façamos brilhar o conhecimento da glória de Deus, que resplandece na face de Jesus Cristo" (2Cor 4,6).

A luz de Deus que brilha na alma humilde, vazia de si, é o que os antigos padres chamavam *puritas cordis*, pureza de coração. Cassiano ensinava que o escopo todo da vida monástica consistia em levar o monge a essa pureza interior. Todas as observâncias e virtudes monásticas têm isso por objeto.

São estas as palavras de Cassiano

> Por causa dessa pureza de coração é que devemos realizar tudo que fazemos, procurar tudo que procuramos. Por causa da pureza de coração buscamos a solidão, os jejuns, as vigílias, os trabalhos, o vestuário pobre, a leitura e todas as outras virtudes monásticas. Por esses exercícios esperamos conservar nosso coração livre dos assaltos das paixões, e por esses degraus esperamos atingir o perfeito amor[3].

E ele continua fazendo uma profunda observação psicológica. Se, diz Cassiano, notamos que estamos sem vontade ou incapazes de renunciar a algum exercício particular ou a alguma observância para cumprir alguma tarefa importante ou necessária, e se descobrimos que, não podendo manter a observância como havíamos planejado, ficamos tristes, zangados, irritados ou de qualquer forma perturbados, quer isso dizer que procuramos essas coisas para a nossa satisfação própria e, portanto, perdemos de vista nosso verdadeiro objetivo, a pureza de coração. Nesse caso, os exercícios que praticamos não estão purificando nosso coração das paixões egoístas, mas fortificando-as em nossa alma.

A pureza de coração descrita por Cassiano não é tanto um estado psicológico como um novo nível de

---

3. Cassiano. *Conferência 1*, VII, Migne, PL 49: 489.

realidade. É a condição de uma alma transformada pela caridade perfeita. Essa alma é elevada acima de si mesma e para fora de si. Não só pensa e age num mais alto nível, é ela própria um novo ser, uma *nova criatura*.

Os padres da Igreja explicavam esse "novo ser" pela seguinte doutrina: o homem, criado à *imagem* de Deus, perdeu a *semelhança* com Ele porque, voltando-se para si, ficou centrado em si mesmo. Perdendo essa semelhança divina, mergulhou o homem na irrealidade, pois não está mais unido à fonte da sua realidade. Existe ainda. É ainda "imagem" de seu Criador. Não tem, entretanto, em si, a vida de caridade que é a vida do próprio Deus – uma vez que Deus é caridade. Já que não tem essa vida em si, é ele irreal, está morto. Não é o que deveria ser. É caricatura de si mesmo.

Uma imagem que é dessemelhante daquilo que representa é, necessariamente, uma distorção. E essa distorção é, em verdade, uma completa oposição espiritual à vontade e ao amor de Deus. Criado para realizar-se pela perfeita semelhança a Deus, que é perfeito amor, destrói o homem suas potencialidades, centralizando em si mesmo todo o seu amor. Criado para dar testemunho da infinita verdade e do infinito poder, realidade e existência de Deus, em quem todas as coisas vivem, movem-se e têm o ser, nega o homem a realidade e volta as costas à verdade, de maneira a fazer de si o centro e a razão de ser do universo.

Para voltar a ser "real", deve o homem purificar o coração da treva da irrealidade e da ilusão. Essa treva, porém, submerge-lhe o coração enquanto ele vive apoiado na vontade própria egoísta. A luz só pode brilhar em nossos corações quando nos decidimos a renunciar à nossa determinação de nos rebelar contra a vontade infinita de Deus, a aceitar a *realidade* tal como Ele a quis e a colocarmos nossa vontade a serviço da perfeita liberdade dele. Quando amamos como Ele ama somos puros. Quando queremos o que Ele quer somos livres. Então nossos olhos se abrem e vemos a realidade como Ele a vê, e podemos nos alegrar com a alegria dele porque todas as coisas são "muito boas" (Gn 1,31).

O coração "impuro" do homem decaído não é apenas sujeito à paixão carnal. Nesse contexto, "pureza" e "impureza" significam algo mais do que a castidade. O coração impuro é um coração repleto de temores, ansiedades, conflitos, ódios, invejas, necessidades e apegos apaixonados. Todas essas e mil outras "impurezas" obscurecem a luz interior da alma. Não são, contudo, sua impureza capital nem a *causa* dessas impurezas.

A corrupção íntima, básica, metafísica do homem, é sua convicção profunda e ilusória de que ele é um deus e de que o universo está centrado nele. Note que essa convicção *tem base na verdade*, uma vez que o homem vê em si a imagem obscurecida de Deus. Que imagem é essa? São Bernardo diz que é a liberdade do homem sentindo, então, em si, esse profundo, inalienável poder de autodeterminação espiritual, essa liberdade de moldar o próprio destino pela livre escolha; sente-se o homem "deífico". Essa liberdade nos vem de Deus, nosso Pai.

Mas embora Deus, nosso Pai, tenha-nos criado livres, não nos fez onipotentes. Não somos deuses de direito próprio, capazes de realizar tudo que desejamos. Não podemos criar e desmanchar mundos nem nos impor a adoração e o serviço de todos os outros espíritos! Somos capazes de nos tornar perfeitamente "deíficos" recebendo livremente de Deus o dom de sua Luz, de seu Amor e de sua Liberdade em Cristo, o *Logos* Encarnado. Mas na medida em que estamos implicitamente convencidos de que *devemos ser onipotentes* por nós mesmos, usurpamos uma semelhança com Deus que não nos pertence.

Não somos, é claro, bastante tolos para imaginarmos que devemos encontrar em nós mesmos a onipotência absoluta de Deus. Entretanto, em nosso desejo de sermos "como deuses" – uma deformidade que perdura, impressa em nossa natureza pelo pecado original –, procuramos o que se poderia chamar de uma onipotência relativa; isto é, o poder de ter tudo o que queremos, de gozar de tudo o que desejamos, de exigir que todos os nossos desejos sejam satisfeitos e que nossa vontade nunca se veja frustrada ou contrariada. É a necessidade de ver toda a gente curvar-se à nossa opinião e acatar nossas declarações como lei. É a sede insaciável pelo reconhecimento de nossa própria excelência, que tanto precisamos achar em nós mesmos para evitar o desespero.

Essa pretensão à onipotência, nosso mais profundo segredo e nossa mais íntima vergonha, é, de fato, a fonte de todos os desgostos, de toda a infelicidade, de toda a insatisfação, de todos os enganos e decepções que sofremos. É uma falsidade radical que faz apodrecer nossa vida moral em suas raízes, porque torna tudo o que fazemos mais ou menos uma mentira. Só os pensamentos e atos que estão livres da contaminação dessa secreta pretensão têm alguma verdade, alguma nobreza e algum valor.

Essa pretensão radical e psicológica à onipotência é a profunda impureza que mancha e divide a alma pura do homem. Essa exigência da parte de uma criatura limitada para ser tratada como o Ser Supremo e Absoluto é a terrível ilusão que nos condena à escravidão das paixões, da loucura e do pecado.

Evidentemente, só os psicopatas são capazes de declarar abertamente, com toda a franqueza, essa oculta pretensão. E é isso que os faz psicopatas. Desistiram da relativa normalidade, que exige que ocultemos essa absoluta fantasia nas profundezas de nossa alma. Arrogaram-se o direito de não fazer caso algum da realidade para viverem em um mundo que convém ao ideal imaginário deles; isto é, mostram-se abertamente como "deuses", fazendo surgir um universo que eles próprios fabricaram, aniquilando (tanto quanto podem) qualquer outra realidade.

Aqueles que, entre nós, concordamos em chamar "sãos", são os que mantêm a pretensão pessoal à absoluta perfeição e onipotência recalcada e disfarçada debaixo de certos símbolos mentais aceitos, e só fazem valer a sua pretensão em atos tornados aceitos por uma aparência externa de inocuidade e utilidade social.

Há muitas maneiras aceitáveis e "sãs" de fazer valer a ilusória pretensão ao poder divino. Pode-se, por exemplo, ser um pai ou uma mãe tirânicos – ou um pai ou uma mãe lacrimejantes, tipo mártir. Pode-se ser um patrão sádico ou amigo do autoritarismo, ou, ainda, um enervante maníaco de perfeição. Pode-se ser um palhaço ou um arrojado ou um libertino. Pode-se ser rigidamente convencional ou ostensivamente inconvencional. Pode-se ser um ermitão ou um demagogo.

Alguns satisfazem o desejo que têm de serem divinos metendo-se em tudo na vida alheia. Outros, julgando o próximo ou dizendo-lhe o que deve fazer. Pode alguém, infelizmente, procurar a santidade e a perfeição religiosa como forma inconsciente da satisfação dessa profunda e oculta impureza da alma que é o orgulho do homem.

O grande inimigo da pureza monástica de coração é, portanto, o projeto básico, oculto, de ser melhor do que os outros, de fazer valer a própria liberdade à custa da liberdade alheia, de exaltar a própria vontade sobre a vontade dos outros e de elevar o próprio espírito acima dos espíritos dos que julgamos medíocres.

Desse projeto básico, central, vêm todos os outros projetos e ideais ilusórios. A alma impura vê-se devorada e dividida pelos incessantes esforços que envida para fazer valer sua pretensão radical enquanto a mantém disfarçada debaixo de um exterior aceitável.

A vida de uma alma pura torna-se extremamente simples. Mas a alma impura é e deve ser singularmente complicada. Há tanta coisa a se fazer! É preciso fazer-se valer, exaltar-se e, ao mesmo tempo, crer-se humilde e pronto ao sacrifício de si. É preciso acariciar, a todo custo, os sentimentos de santidade e de nobreza de que dependem a paz e a felicidade dessa alma. Portanto é necessário estar alerta para notar todas as fraquezas e imperfeições dos outros porque são, potencialmente, rivais. E é necessário, ainda, que esses outros sejam punidos "caridosamente" e humilhados "docemente" para que não levantem a cabeça à altura da nossa no caminho real da santidade. É preciso tomar cuidado para que, enquanto, abertamente, faz-se alarde de renunciar à vontade própria, essa vontade seja secretamente satisfeita. É preciso assegurar-se de que desejo algum deixe de ser satisfeito. Em uma palavra, cumpra-se a nossa vontade na Terra como se cumpre, no céu, a vontade de Deus!

Uma vez que tudo isso é manifestamente impossível, São Bernardo faz notar que essa alma está inevitavelmente sujeita à insegurança e ao medo. O medo é a "cor" que escurece a alma e torna obscura a Imagem Divina, retorcendo-a em um ídolo e uma caricatura. O medo é a "impureza" da alma que aspira a ser onipotente.

O homem decaído, portanto, é alguém em quem a Imagem Divina, ou o livre-arbítrio, tornou-se escravo por ter feito de si mesmo o seu próprio ídolo. A imagem de Deus é falseada pela "dessemelhança". Sob a tirania desse ídolo, a própria liberdade se transforma em escravidão e o homem se atormenta, tentando querer o impossível, tentando verificar e provar sua absurda pretensão de ser um "deus".

Qual é a resposta? Já a encontramos. É o sacramento da cruz, a fé e a obediência de Cristo que, como diz São Pedro, *purificam* nossos corações[4]. O orgulho íntimo do homem decaído tem de ser crucificado na cruz da Verdade. O amor da Verdade e da cruz põe por terra o ídolo, coloca o homem em seu verdadeiro nível, devolve-lhe a liberdade, liberta-o do medo, fortifica-lhe a caridade e o torna capaz de viver e agir como filho de Deus. "A verdade vos libertará" (Jo 8,32).

Por isso é que São Bento, depois de descrever os 12 degraus da humildade interior e exterior (cada qual sendo participação no mistério da obediência de Cristo), declara que, "quando todos esses degraus tiverem sido galgados, alcançará logo o monge a perfeita caridade que expele todo temor"[5].

Pureza de coração, perfeito amor, eis o início da unidade interior do monge. Libertado das ilusões e dos projetos egoístas, salvo da dolorosa necessidade de servir a sua inexorável vontade própria, começa o monge a experimentar como é suave o jugo do serviço de Cristo e leva

---

4. *Castificantes corda vestra in obedientia caritatis* (1Pd 1,22).
5. Santa Regra, cap. 7.

o fardo da liberdade divina. Seus olhos se abrem e, pela primeira vez, começa a ver-se e aos outros como realmente são. Não estando mais obrigado a satisfazer em primeiro lugar aos seus caprichos e às suas paixões, descobre que todas as coisas lhes causam alegria e felicidade, porque ele as prova na liberdade dos filhos de Deus. Isto é, pode utilizá-las sem a elas pertencer e tê-las sem delas ser escravo.

A pureza de coração é, também, o início da união do monge com seus irmãos. União verdadeira, pois a caridade monástica não é apenas um "contrato social", um acordo a que se chega pelo consentimento de vários egoísmos; é a pureza de coração que se alcança somente quando todas as vontades separadas de cada irmão se transformam em uma só vontade, a vontade comum, a vontade de Cristo. A essa comunidade de vontade não se pode chegar por um contrato como para um negócio. É um amplexo das almas na pureza do Espírito de Deus.

Esse abraço de todas as purezas unidas, de vontades limpas e desinteressadas, de almas que se perdem na luz de Deus é o mais alto cume do ideal cenobítico. Todas as almas chamadas à união com Deus são fundidas como o ferro no fogo e transformadas, juntas, na Luz de Deus. Então o próprio Deus nelas vive, age e se manifesta. Conhece-se a si mesmo nelas, abraça nelas a própria bondade dele tornando-as capazes de partilhá-la uns com os outros. Assim como o Pai está no Filho, assim o Filho está neles e eles são todos um no Pai e no Filho. Aqui temos a realização do mistério da Eucaristia, que é o coração da vida monástica.

Quando, porém, se há de chegar a essa plena realização? Poderá ser perfeitamente alcançada aqui na Terra? Quem o pode dizer? Em todo o caso, quando monges vivem juntos como devem, na caridade de Cristo e na pureza do Espírito de Deus, carregando os fardos uns dos outros e se ajudando mutuamente a se encontrarem nele, é que ao menos começam, na Terra, a construir a cidade celeste.

2 *In veritate* (na verdade)

Por toda parte, nas regras e nos escritos dos Pais do monaquismo, ouvimos os ecos de uma palavra que repercute nas mais íntimas profundezas do coração monástico: *veritas, verus, vere*. De tal modo se tem abusado da palavra "verdade" que perdeu ela algo do seu impacto sobre nosso espírito; não temos mais plena consciência do seu valor. O verdadeiro é aquilo que é real, que é de fato. É verdadeiro porque é. E é isto que o monge procura: a realidade. Procura aquilo que é. Ou, mais precisamente, procura a realidade naquele que é infinitamente real e a verdade naquele que é verdadeiro. Mas não procura a verdade apenas como um conceito ou um objeto. Procura a verdade existencial que só é encontrada ao entrarmos na misteriosa atualidade da própria vida. O monge procura a verdade que é possuída quando é bem-vivida, a realidade que penetra no fio e na trama do nosso ser quando, agindo bem, tornamo-la nossa, assimilando-a: "a fé que opera pela caridade" (Gl 5,6).

É o monge alguém que vive na "verdade" – *dans le vrai*[6]. Tem por missão tornar-se tão verdadeiro sob a ação do Espírito daquele que é, que sua vida é, então, um puro "amém", um eco consciente a responder livremente "sim" à infinita realidade e à infinita bondade de Deus.

O ascetismo cisterciense e, em verdade, todo o ascetismo dos pais da vida monástica é simplesmente a recuperação do nosso verdadeiro ser, da verdadeira "natureza" do homem, criada para a união com Deus. É a purificação e a libertação da Imagem Divina no homem, oculta sob as camadas da "dessemelhança".

Nosso eu verdadeiro é a pessoa que Deus nos destinou a ser – o homem livre e reto, feito à imagem e semelhança dele. A tarefa de recuperar essa semelhança perdida se opera quando nos despojamos de tudo o que é alheio e estranho ao nosso verdadeiro eu – despindo-nos da "dupla veste" da hipocrisia e da ilusão com que tentamos ocultar a nós próprios, a nossos irmãos e a Deus, a verdade da nossa miséria.

Para que o monge possa construir sólido e durável templo à glória de Deus – a comunidade monástica unida na perfeita caridade – deve ele, em primeiro lugar, esforçar-se para tornar-se verdadeiro. Tem de descobrir a verdade a respeito de si mesmo. O fundamento do edifício sagrado é a humildade de todas as suas pedras vivas. Só construindo sobre a verdade podemos construir solidamente. E isso significa não apenas sinceridade, mas também autorrenúncia – o esforço generoso de varrer

---

6. Em francês, no original.

de nossas vidas tudo que é inútil, tudo que é "alheio", tudo que não é querido para nós por Deus. Só então é que poderemos ser, real e verdadeiramente, nós mesmos.

Diz Guilherme de Saint Thierry:

> A tarefa do homem consiste continuamente em preparar o seu coração, libertando a vontade de todos os desejos que lhe são "alheios", a razão das preocupações, a memória dos cuidados inúteis e até mesmo, por vezes, dos necessários. Mas uma vontade negligente significa pensamentos inúteis; uma vontade corrompida indica pensamentos perversos... enquanto uma vontade reta se dirige ao que concerne as necessidades desta vida. Mas uma vontade que *ama* nutre pensamentos capazes de saborear a bondade de Deus[7].

Se perguntamos aos pais da vida monástica o que eles consideravam "alheio" à alma do homem, respondem-nos que coisas materiais e criadas, valores temporais considerados como fins, são-nos alheios e estranhos. Pois nossas almas são espíritos, criadas para o mais alto de todos os bens espirituais e eternos. Não se trata aqui de uma filosofia maniqueia ou gnóstica. Não é uma divisão sumária e vulgar entre a matéria e o espírito que eles têm em mente. Bem sabem que isso seria dividir o homem contra si próprio, já que o homem é, na verdade, constituído por corpo e alma juntos. Para que haja uma pessoa humana integral é necessária a perfeita união da matéria e do espírito; nada acrescentamos à nossa humanidade ou à nossa santidade por um simples "libertar o espírito do corpo".

---

7. *Epistola ad Fratres de Monte Dei*, II, 14, Migne, PL 184: 347.

Portanto, em certo sentido, desde que temos corpos, as coisas corporais não nos são alheias. Estamos em nosso elemento conatural no mundo criado. O que nos é alheio é o *amor* às coisas materiais. Não cessa o homem de ser humano meramente por estar em companhia de animais; perde a sua humanidade, torna-se estranho, alheio a si mesmo, quando seus desejos e valores são os de um animal. Assim, a alma escravizada pela necessidade do prazer sensível, ou da autoafirmação, ou da segurança material, assumiu uma "forma alheia", uma dessemelhança quanto ao seu verdadeiro ser criado à imagem de Deus.

> Por que imprimir em tua alma uma forma que não é tua na realidade, uma deformação que lhe é alheia? Pois as coisas de que te regozijas em ter, temes perder: ora, o temor é uma cor. Logo que toca em nossa liberdade, mancha-a tornando-a dessemelhante ao que em realidade é[8].

Todo o escopo da vida monástica consiste em purificar a liberdade do homem dessa "mancha" de servilidade que contraiu por se achar escravizado às coisas que lhe são inferiores. Daí ser o verdadeiro monge alguém que é perfeitamente livre. Livre para quê? Para amar a Deus. Liberdade, no vocabulário monástico, não significa a capacidade de escolher de preferência o mal ao bem, mas, antes, a capacidade de preferir o bem acima do mal sem jamais se deixar iludir pelas falsas aparências do bem.

Daí descrever São Bernardo a perfeita liberdade como: "incapaz de querer o que é mau ou de estar

---

8. São Bernardo. Serm. 82. *In*: *Cantica*, n. 4, PL 183: 1179.

sem o que é bom"⁹. Apressa-se em acrescentar que essa perfeição só se realiza no céu; admite, porém, que um antegozo dela pode ser atingido na vida presente. Guilherme de Saint Thierry faz-lhe eco e acrescenta uma nota importante:

> [...] que essa suprema liberdade vem de uma perfeita união da vontade com Deus: essa união de espírito faz o homem um com Deus, não apenas por uma união em que ambos desejam a mesma coisa, mas por uma união em que nossa vontade é incapaz de querer algo que não seja querido por Deus – *aliud velle non valendi*¹⁰.

Toda a vida monástica tende para esse cume da liberdade e é à luz dessa liberdade de espírito que devemos considerar e compreender o conjunto de disciplinas do monge, suas austeridades, seus sacrifícios, suas regras, sua obediência e seus votos. O monge deixa o mundo com sua falsa liberdade e, renunciando à fraqueza de sua vontade, que o leva a obedecer a cada impulso e a satisfazer todas as suas paixões, disciplina-se na obediência à vontade de Deus, fortifica a alma no amor que lhe comunica um conhecimento mais puro de Deus, une-se mais estreitamente em pura caridade com seus irmãos, até que sua alma repousa naquela tranquila paz que é o sinal de que não há mais nenhum obstáculo de importância para frustrar seu desejo de verdade. Onde encontra ele essa verdade? Realizando o fim para o qual foi criada a sua natureza, isto é, agradando a Deus por um amor que corresponda ao amor gratuito dele, por um amor igualmente puro, desinteressado e livre.

---

9. *De gratia et Libero Arbitrio,* c. 6, n. 20, PL 182: 1012.
10. *Epistola ad Fratres de Monte Dei*, II, n. 16, PL 184: 349.

3 *In laboribus multis* (em muitos trabalhos)

Na Regra de São Bento, vemos que o monge não trata com desprezo as coisas materiais criadas. Pelo contrário, encontramos as coisas materiais mais humildes, tratadas com reverência, quase poderíamos dizer com amor.

Se o monge ama seu mosteiro é porque é ele a "casa de Deus e a porta do céu". Vê, nele, algo da beleza do céu que se oculta entre as árvores da floresta. Em uma palavra, os humildes edifícios de pedra, o claustro colocado no vale tranquilo, a mobília simples de madeira comum do mosteiro, a mesinha nua e as tábuas que servem de leito na cela do monge, longe de serem desprezados como "criaturas vãs", são respeitados e valorizados, e até amados, não por si mesmos, mas por causa de Deus, a quem pertencem. Mesmo as ferramentas com que o monge revolve a terra, mesmo os simples potes, as panelas e os utensílios da cozinha, ou a vassoura com que varre o claustro, devem ser tratados com tanto cuidado quanto (respeitadas as devidas proporções) os vasos sagrados do altar (Santa Regra, cap. 31).

O amor, a alegria com que podemos e, de fato, devemos nos regozijar nas coisas criadas depende inteiramente do nosso desapego. Logo que as tomamos para nós, apropriamo-nos delas e as afagamos, apertando-as de encontro ao coração; nós as roubamos a Deus. Não são mais dele, mas nossas. Então são vistas sob uma nova luz: são consideradas em referência a nós próprios, como se fôssemos nós a causa primeira e o fim último de sua existência, como se nos devessem servir do mesmo modo que todas as coisas criadas servem a Deus, seu Criador. Mas, então, esperamos o impossível.

Assim como as coisas criadas refletem Deus, assim nós também procuramos, com demasiada avidez, encontrar em nossos amigos e nas coisas que amamos um reflexo da nossa própria excelência. Somos, porém, sempre desapontados. As coisas que temos nos desiludem. Nossos amigos escapam às nossas expectativas importunas, embaraçados pela insaciabilidade indiscreta de um orgulho que sabem não poder jamais satisfazer, ainda que consintam em se deixar serem por ele consumidos.

Antes de alguém conseguir provar a verdadeira alegria em todas as coisas belas criadas por Deus, tem de disciplinar o delicado senso interior que o torna capaz de aprender a lição da sabedoria que essas modestas criaturas ensinam àqueles que têm ouvidos para ouvir. Dizem-nos:

> Podes utilizar-me, e Deus nosso Pai criou-me para que pudesses utilizar-me. Sou mensageiro dele, enviado para dizer-te o caminho que leva a ele. Possuo um pouquinho da sua bondade, oculta nas profundezas de meu ser. Mas para que possas perceber minha bondade deves respeitar minha dignidade como criatura de Deus. Se procuras violar a pura integridade de meu ser e atrair-me a ti, como se eu pudesse ser plenamente possuído por ti, hás de destruir-me, e a beleza que Deus colocou em mim desaparecerá, deixando-te de mãos vazias. Então, em nada terás aproveitado, perder-me-ás e corromperás tua alma. Se me respeitares e me deixares tal qual sou, sem procurar apoderar-te de mim com um egoísmo total, então, dar-te-ei alegria, pois permanecerei o que sou até que, pela vontade de

Deus, serei mudado pelo serviço em que me utilizares. Sendo, porém, assim transformado, não serei destruído, pois ser utilizado não é ser destruído. Se me utilizas, minha bondade é elevada ao nível de teu espírito. Utilizando-me em teu serviço de Deus, consagras-me a Ele juntamente contigo. Assim, ambos, que desde o início éramos bons como criaturas de Deus, podemos nos ajudar mutuamente a nos tornarmos santos nele.

Isso explica por que alguns edifícios monásticos e as coisas lá feitas e utilizadas são tão belos. A pureza do gosto num mosteiro não é meramente questão de formação estética. Flui de algo muito mais elevado – da pureza do coração. As linhas simples e puras de uma igreja monástica, construída, talvez, por mãos inábeis, na solidão, podem expressar infinitamente mais o louvor de Deus do que as pretensiosas enormidades de custoso esplendor, erigidas mais para serem vistas do que para nelas se orar.

Os monges, nem sempre, nem mesmo geralmente, são artistas famosos. Está, na realidade, no âmbito de sua vocação estudar e exercer as várias artes. O valor de suas criações, contudo, permanecerá sempre mais profundamente no espírito sem que se possa explicá-lo por uma "virtude do intelecto prático". A arte do monge é o fruto de uma árvore cujas raízes são caridade, pobreza, oração.

Uma frase que Eric Gill gostava de citar em lugar algum tem sentido mais verdadeiro do que num mosteiro: "O artista não é um homem de uma espécie particular, mas todo homem é uma espécie particular de artista"[11].

---

11. Gill, Eric. *Essays, passim*. Estas palavras são originariamente de Ananda Coomaraswamy.

Todo monge é, ou deveria ser, uma espécie particular de artista. Nada é mais alheio à vida monástica do que o culto da arte pela arte. O monge não deveria nunca ser um esteta, mas, antes, um "operário", um "artesão" – *artifex*. É claro que São Bento, de modo algum, imaginava que fossem todos os monges artesãos: todos, porém, deviam ser capazes de executar trabalhos úteis e produtivos. Se o trabalho consistisse em fazer alguma coisa útil, tanto melhor.

Logo que vemos que o trabalho monástico há de ser produtivo, ou mesmo criador, compreendemos imediatamente que o trabalho é mais do que um simples exercício de penitência para o monge. O trabalho manual é frequentemente um duro trabalho e é justo que assim seja. Se o homem foi por Deus dotado de músculos, está certo que os utilize. Trabalhos laboriosos nos campos e nas florestas, como lavrar a terra, rachar lenha, quebrar pedras, fazer a colheita, todas essas coisas contribuem muito para uma vida espiritual sadia e bem-integrada. Quando o trabalho é difícil ou servil, a abnegação que exige é uma penitência admiravelmente eficaz. Mas deveria ser sempre mais do que um simples "exercício de penitência" – termo que pareceria sugerir não ter o trabalho outro fim senão a penitência.

Frisar demais o aspecto "penoso" do trabalho tende a fazer esquecer que trabalho bem-feito requer disciplina da inteligência prática. O monge não deve apenas cerrar os dentes e aceitar a necessidade de suar mais do que normalmente desejaria. Deve, também, ser capaz de pensar, trabalhar sabiamente e bem, e dirigir seus esforços ao cumprimento daquilo que tem de ser feito. Está não só expiando seus próprios pecados, mas também trabalhando para o sustento de seus irmãos e para os pobres.

"Fazer" coisas, "fabricar" objetos, são, de fato, atividades; nem toda atividade, porém, é excluída, por sua própria natureza, da vida contemplativa. Essa verdade é tão antiga quanto os Padres do Deserto. Contam-nos que Santo Antão aprendeu de um anjo a alternar sabiamente o trabalho e a oração. Os Padres do Deserto se celebrizaram tecendo cestos e exercitando-se em muitas outras complicadas habilidades, inclusive até na prática da medicina.

Onde encontramos edifícios feios, mobília malfeita, portas que não se fecham bem, vinhas e árvores frutíferas mal podadas, material e feno estragando, a falta de habilidade e de cuidado que essas coisas representam pode ser simplesmente o resultado de uma atitude errada em relação ao trabalho – uma falsa orientação do espírito monástico.

Nenhum trabalho útil que possa ser executado dentro da clausura é estranho ao estado monástico. A maioria dos monges pode esperar participar da tarefa de cavar a terra, recolher o feno, rachar a lenha, descascar batatas, lavar pratos e varrer o chão. Todas as tarefas ordinárias de uma comunidade vivendo no campo podem, razoavelmente, reclamar o tempo dos membros da comunidade.

Alguns dos monges serão quase exclusivamente empregados no "trabalho comum". Outros estarão encarregados de ocupações especiais – desde a fabricação de queijos até o cuidado das abelhas, o trabalho de carpintaria, o de escrever livros, o de fazer pão ou pintar um afresco. Alguém deverá se ocupar da cozinha. Outrora, cada monge tinha a sua semana para cozinhar; agora, porém, foi considerado mais prático – e também mais misericordioso – tornar esse importante ofício um encargo permanente.

Quando houver edifícios em construção caberá, sem dúvida, a um monge arquiteto, o cuidado de preparar as plantas, e os monges fornecerão a maior parte da mão de obra, com um pouco de ajuda de um contramestre de fora. Deverá haver padeiros, sapateiros e alfaiates. Poderá haver tecelões, encadernadores e curtidores. A vida moderna torna um tanto pesada a tarefa do bombeiro e do eletricista do mosteiro, sem falar no mecânico.

Ao trabalho intelectual sempre coube um lugar de honra nos mosteiros, embora em algumas Ordens seja menos acentuado do que em outras. A cultura, como tal, de modo algum se acha deslocada no claustro, se bem que, caso exija demasiadas viagens e muita correspondência, tenda a perturbar a paz da solidão monástica. O ensino, em pequena escala, é admitido pela Regra de São Bento e até um certo exercício moderado do ministério pode ser previsto. Mas, como nessas ocupações as necessidades tendem a aumentar indefinidamente, os monges sabiamente demonstram certa hesitação em aceitar a responsabilidade de tarefas que não são propriamente deles. Pois embora ao ensino e à pregação possa ocasionalmente ser concedido lugar acidental na estrutura da vocação monástica, jamais deverão tornar-se o fim imediato dessa vocação. O fim da vida monástica é unicamente Deus e não pode ser desviado sistematicamente para nenhuma outra finalidade. Uma comunidade monástica pode manter um colégio, nunca, porém, poderá existir *por causa* do colégio.

Sempre devemos ter em mente que o silêncio, a solidão, a oração e o recolhimento são os elementos mais importantes da vida monástica; os auxílios mais diretos que conduzem àquela caridade que une o monge a Deus e aos seus irmãos. Se, em certo sentido, o silêncio e a contemplação podem ser considerados como existindo "por causa" do apostolado, nas Ordens mendicantes (embora, mesmo em se tratando delas, esse conceito seria errado e enganador), para o monge não pode ter outra finalidade senão favorecer a sua própria união com Deus e, por causa disso, torná-lo membro viçoso da comunhão dos santos. Tudo no mosteiro, portanto, está ordenado a produzir uma atmosfera favorável a uma vida de oração. O isolamento do edifício, o trabalho pelo qual os monges se esforçam para prover ao próprio sustento, mantendo-se independentes de contatos com os seculares, a leitura, o estudo, feitos no claustro ou na cela, o ofício cantado no coro, tudo isso tem por fim conservar o mosteiro àquilo que deve ser: um santuário onde Deus é encontrado e conhecido, adorado e, de certo modo, "visto" na treva da contemplação.

4 *In tabernaculo altissimo* (em tabernáculo altíssimo)

O mosteiro é um tabernáculo no deserto sobre o qual a *shekinah*, a nuvem luminosa da Presença Divina, desce quase visivelmente. O monge é alguém que vive "no segredo da Face de Deus", imerso na Presença Divina. Assim como os filhos de Israel, a voz de Deus falando por Moisés contribuiu com material e trabalho para a construção do tabernáculo, por meio de hábeis operários, assim a comunidade monástica, guiada pelo abade e pai que fala como representante de Deus, põe em comum todos os seus bens e esforços para o trabalho de construir um santuário. O mosteiro nunca é meramente uma casa, uma habitação de homens. É um tabernáculo do Novo Testamento, em que Deus vem morar com os homens, não apenas numa nuvem milagrosa, mas na humanidade mística de seu divino Filho prefigurado pela nuvem.

Os monges trabalhando juntos, em espírito de sacrifício de si próprios e perfeita solidariedade, não estão provendo apenas as necessidades materiais desta vida. O trabalho que realizam contribui para um fim comum espiritual de importância muito maior: sua união com Cristo. Construindo e mantendo o mosteiro, estão construindo a nova Jerusalém, um pequeno Corpo Místico de Cristo, a "Igreja" de seu mosteiro. O edifício de pedras em que eles cantam o ofício divino é apenas o símbolo externo e a expressão do edifício de pedras vivas formado pelos próprios monges.

Como declarava São Bernardo aos monges de Claraval, na festa da dedicação de sua igreja:

> Não sejais como cavalos e mulas que não têm entendimento. Que santidade podem ter essas pedras para que lhes celebremos a festa? Entretanto são realmente santas, mas por causa de vossos corpos. Santas são vossas almas porque o Espírito Santo nelas habita; santos são vossos corpos por causa de vossas almas; e santa é esta casa por causa de vossos corpos[12].

Ora, é pela caridade que os membros da comunidade monástica constroem esse templo espiritual do qual eles próprios são as pedras. Consiste essa caridade não apenas no esforço para carregar cada um o fardo do outro ou sustentarem-se mutuamente na peregrinação para a Jerusalém celeste. Consiste em algo muito mais do que obras corporais de misericórdia, bom exemplo, instrução e o mais. A comunidade monástica não existe meramente para que cada indivíduo possa encontrar apoio, exortação, correção e encorajamento, mas também, e sobretudo, para que todos possam atingir o fim comum, que é a união a Deus na solidão.

Os monges, portanto, auxiliam-se mutuamente, não só no plantar o trigo e no fazer o pão para o corpo, mas também no acesso aos fornos espirituais da solidão, de onde lhes vem o alimento, o pão quente e fresco do Espírito. Não só espremem as uvas de seus vinhedos para fabricar o vinho material, mas se encaminham uns aos outros àquelas eternas fontes de silêncio em que bebem as águas vivas e o vinho precioso do Espírito Santo.

---

12. Serm. 1. *In: Dedicatione Eccles*, n. 1, PL 183: 518.

Contudo, mesmo essa refeição espiritual dos monges não é o que há de mais importante no mosteiro. Muito mais do que isso, existe o fato de o Verbo de Deus se apresentar silenciosamente entre eles, com eles comer e beber. A Divina Sabedoria não só lhes dá vinho a beber, mas "encontra suas delícias em estar com os filhos dos homens".

Porque os monges se proporcionam mutuamente a possibilidade de viver mais fácil e pacificamente na solidão e no silêncio, porque prepararam uns para os outros uma atmosfera de recolhimento, solidão e oração é que são capazes de atingir o fim supremo da vida monástica, que é o banquete espiritual oculto – a festa em que o Verbo se senta à mesa com os seus escolhidos, achando em sua companhia prazer e consolação. Diz ele: "Entrei no meu jardim... comi meu favo com meu mel; bebi meu vinho com meu leite; comei, ó amigos, e bebei; inebriai-vos, ó meus muito amados" (Ct 5,1).

Esse é o verdadeiro, essencial e perfeito sentido da vida comum. O mosteiro é um "tabernáculo do Testamento", ou, se preferem, outro Cenáculo em que Jesus se senta à mesa com seus discípulos, nutrindo-os com sua substância, que é a própria sabedoria e glória de Deus. O mosteiro é, em primeiro lugar e sobretudo, um *tabernaculum Dei cum hominibus*, uma "porta do céu", um lugar para onde Deus, em sua infinita caridade, desce, a fim de se deixar ver e conhecer pelos homens. Tudo que há de vital e fecundo no mosteiro recebe essa vitalidade do fato de contribuir para o fim único e essencial.

O silêncio da floresta, a paz da brisa matutina a mover os galhos das árvores, a solidão e o isolamento da casa de Deus são coisas boas, porque é no silêncio, e não na comoção, na solidão, e não no meio das multidões, que Deus gosta de se revelar mais intimamente aos homens. O trabalho humilde nos campos, a tarefa cumprida nas oficinas, na cozinha e na padaria, são bons porque repartem e espalham o peso dos encargos exigidos pelas necessidades da vida material, distribuem os cuidados e as responsabilidades de maneira a que nenhum monge tenha de pensar em demasia nas coisas materiais. Cada qual tem a sua parte no recolhimento e na paz sem excessiva ansiedade. Ninguém tem de se preocupar com o dia seguinte e, como há muito demonstrou Cassiano, o monge pode viver em toda a sua perfeição o conselho evangélico de "não pensar no dia de amanhã" e de "procurar em primeiro lugar o reino de Deus e sua justiça" (Mt 7,33-34).

Os salmos cantados em comum no coro têm por finalidade tornar o "Opus Dei" leve e fácil, não fatigante. O simples fato de cantarem juntos os salmos realça-lhes o valor e o significado, permitindo aprofundar o sentido místico das grandes profecias que se realizam no Cristo místico do qual o monge é um membro vivo e plenamente consciente.

Nos lugares regulares do mosteiro em que os monges, em comum, trabalham, estudam e rezam, o silêncio e o recolhimento acentuam a atmosfera silenciosa de oração e trabalho. A união de todas essas almas num comum esforço, num comum silêncio e numa caridade sincera, torna o fruto da oração, dos méritos e das virtudes de cada um o patrimônio espiritual de todos.

O monge que se sente mais destituído em matéria de virtude e graça pode tornar-se rico em ambas se é bastante humilde para partilhar das virtudes de seus irmãos, regozijando-se com elas como se fossem dele. E os mais fortes e mais virtuosos entre todos se tornam ainda mais fortes pela humildade, que os faz compreender que suas virtudes não as devem somente aos seus próprios esforços, mas às orações e ao estímulo dos irmãos. Essa maneira de falar não nos deve induzir a imaginar que o verdadeiro monge perde tempo comparando-se ao seu irmão em matéria de virtude e de graça. Pelo contrário, a caridade fá-lo compreender a futilidade de tal pensamento.

Os verdadeiros bens da vida espiritual não diminuem quando partilhados com outros; pelo contrário, quando assim sucede, tornam-se mais perfeitos.

A fé comum do corpo monástico cresce, a cada dia, pela celebração da missa e do ofício divino em comum. A mesma vida litúrgica e a comum paciência com que a comunidade suporta as tribulações aumentam a esperança de cada um e de todos. E a maior de todas as virtudes, que inclui todas as outras e abraça, por assim dizer, a vida monástica inteira, cresce em todos com cada ato espiritual vital de cada membro da comunidade.

Essa teologia da vida comum justifica, o que pode parecer paradoxal, a presença dos membros solitários no corpo monástico. É rara em nossos dias a vocação à vida solitária, porém isso não quer dizer que não exista e ainda menos que não tenha razão de existir.

A vida do eremita camaldulense inteiramente só em sua ermida permite-lhe uma solidão e uma austeridade maiores. É perfeitamente lógico que um beneditino ou um cisterciense receba de seu abade, após ele haver cuidadosamente experimentado sua vocação, autorização para se separar em certa medida dos demais a fim de se entregar mais plenamente à oração. Poderá achar-se, pelo menos aparentemente, menos entregue às manifestações externas da vida monástica, mas terá, em realidade, papel mais eficaz, desde que viva com perfeição sua vida de solitário. Entra, por assim dizer, espiritualmente, no próprio coração da vida comum, atingindo de modo mais pleno o fim a que visa toda a comunidade. Assim, ajuda a todos os demais que seguem a vida ordinária – vocação e preferência da maioria – a atingir esse fim.

Seja qual for a função do monge na comunidade monástica, seja ele alguém de temperamento ativo, cuja espiritualidade se exprime em obras de misericórdia, ou um superior auxiliando o abade na tarefa de governar o mosteiro, ou um pai espiritual encarregado da formação e da direção de almas, ou, ainda, um espírito contemplativo e solitário, cada um contribui para a vida comum do corpo monástico inteiro, preenchendo a função particular a ele atribuída.

O importante é que cada um compreenda que sua vida e seu valor como membro de um organismo espiritual dependem da liberdade lúcida e da generosa abnegação em se dedicar, cooperando com os outros membros, sob a direção do abade, para atingir o fim comum. Exige isso mais do que um simples assentimento intelectual a uma proposição abstrata. Significa romper a resistência interior e eliminar a frieza de coração a que a terminologia ascética denomina "vontade própria". Essa vontade própria consiste na determinação de procurar o nosso bem particular, de preferência a um bem comum a nós e a outros.

Ora, um bem partilhado com outros é, como já vimos, mais elevado e mais espiritual e, portanto, mais perfeito do que um bem de que gozamos excluindo alguns ou todos. A vontade própria é, portanto, uma vontade que busca a "exclusividade", que procura banir da nossa vida os outros, de maneira a gozar de valores demasiadamente pequenos para serem partilhados com mais do que um pequeno grupo ou mesmo com pessoa alguma.

A vontade própria é inseparável do medo, da ansiedade, da escravidão espiritual. O mecanismo da vida comum, que interfere constantemente na intimidade e na exclusividade da nossa vontade própria, é destinado expressamente a romper a resistência que impede nossa plena incorporação na vida social do mosteiro. Contudo a vida comum jamais tem por finalidade privar alguém de sua verdadeira liberdade interior ou tolher a sua personalidade, e, ainda menos, destruir esses valores tão elevados. Pois, se a vontade própria, em lugar de nos dilatar, encerra-nos dentro de limites demasiadamente estreitos para permitir o autêntico desenvolvimento da liberdade interior, claro está que a dedicação generosa a uma causa comum é um dos meios mais aptos para desenvolver e amadurecer nossa liberdade e nossa autonomia pessoais.

Seria, portanto, uma perversão da doutrina monástica imaginar que a vida comum é destinada a "quebrar" a vontade e a dissolver a personalidade numa massa informe, destituída de todo caráter individual. Há uma enorme diferença entre uma comunidade e uma massa de indivíduos. A comunidade é um organismo cuja vida comum está alçada a um nível um tanto mais elevado do que a de um simples membro. A massa é simplesmente uma aglomeração em que a vida coletiva é de nível tão baixo quanto é o padrão de vida de suas unidades mais inferiores. Ingressando na comunidade, o indivíduo assume a tarefa de viver acima do seu nível habitual e, assim, pelo esforço que faz para viver mais para os interesses dos outros do que para o seu próprio, vive mais plenamente e se aperfeiçoa. Descendo à massa, o indivíduo perde a personalidade, o caráter e, talvez, até a dignidade moral de ser humano.

Desprezo pela "massa" de modo algum é desprezo pela humanidade. A massa está abaixo do nível do homem. Devora em nós o que há de humano para nos tornar membros de um monstro de múltiplas cabeças. Por isso é que o mosteiro é construído na solidão e suprime as comunicações com o mundo, como a imprensa e o rádio, que tantas vezes são simplesmente a voz de vasta aglomeração que nada tem de humano.

A comunidade monástica, sociedade espiritual especializada, tem o máximo cuidado em se desenvolver numa atmosfera de solidão e desprendimento, em que as sementes da fé e da caridade tenham a oportunidade de se enraizarem profundamente e de se expandirem sem que sejam sufocadas pelos espinhos ou esmagadas pelas rodas das máquinas e dos carros.

São Paulo, descrevendo o mundo pagão, que havia perdido, por própria culpa, o conhecimento de Deus, dá uma lista de muitos dos pecados que fazem com que este mundo seja verdadeiramente pagão: "Repletos de toda iniquidade, de malícia, imoralidade, avareza... cheios de inveja, homicídios, contendas, astúcia, malignidade... difamadores... irreverentes... soberbos, altivos" (Rm 1,29-30).

Como sempre, nessa enumeração de vícios vemos que estão todos polarizados ao redor de um ponto central: um egoísmo que endurece o coração, afasta-se do bem comum e de Deus, e se concentra num bem privado e exclusivo, que procura defender contra o universo inteiro, para ser finalmente abandonado porque é mera ilusão. Ao terminar a lista de vícios que acabamos de citar, o Apóstolo acrescenta esse clímax (é bem significativo que esses defeitos nos pareçam insignificantes e de pouca importância). Diz ele que o mundo pagão é: "Insensato, pérfido, sem benevolência, sem palavra, sem misericórdia" (Rm 1,31).

O mosteiro está edificado na solidão, de maneira que a comunidade monástica possa tornar-se exatamente o oposto de tudo o que acima foi enumerado. Os frutos do espírito são colhidos no silêncio e no isolamento: "caridade, alegria, paz, longanimidade, bondade, mansidão, fidelidade, modéstia, temperança" (Gl 5,22-23).

A vida comum do mosteiro, pela simplicidade e pela pobreza que a caracterizam, comunica-nos uma seriedade que nos liberta do espírito frívolo do mundo, que de tudo se ri. A austeridade e o trabalho rude nos virilizam, fortalecendo-nos a vontade, para que resista à dissolução, causa do desmoronamento da sociedade e do homem mundano que nela vive. Mas é importante compreender, sobretudo, que a vida monástica é uma escola de afeição, de fidelidade, de misericórdia. Tomando parte nas orações, trabalhos e provações de nossos irmãos, e conhecendo-os tal qual são, aprendemos a respeitá-los e a amá-los com sóbria compaixão, demasiadamente profunda para ser sentimental. Aprendemos a ser-lhes fiéis, contando com eles, e sabemos que têm o direito de contar conosco. Esforçamo-nos por aprender a não os decepcionar. E perdoamos-lhes as faltas e as dívidas para conosco, como queremos ser, também nós, perdoados por eles e por Deus. Nessa escola de caridade e paz, o homem aprende não só a amar e a respeitar os outros, mas ainda, no sentido mais puro, a amar e a respeitar sua própria pessoa por causa de Deus.

Sem esse sobrenatural respeito a si mesmo, que vem do fato de se saber sinceramente amado, dificilmente poderá o homem encontrar em si próprio um movimento de sincero amor por seus irmãos. No mosteiro, esse profundo e mútuo respeito é cuidadosamente cultivado. É exatamente o oposto do espírito mundano de lisonja, porque está baseado num verdadeiro e íntimo conhecimento dos outros e de nós próprios. Tem por fruto uma paz sólida e duradoura, que não termina com a simples satisfação de nosso desejo natural de companhia e amizades, mas purifica nossos corações de toda dependência em relação às coisas visíveis, fortalecendo nossa fé em Deus. Em última análise, o calor da caridade monástica vem não apenas da natureza e, sim, do fogo invisível e infinito que arde nas profundezas ocultas da SS. Trindade.

> Estes homens são movidos pelo Espírito de Deus, não pelo espírito próprio. O Espírito divino os conduz, tornando-os filhos de Deus, Ele, que é o vínculo que os une. Quanto maior entre eles é o amor, tanto mais firmemente estão unidos e mais plena é a sua comunhão. Inversamente, quanto maior é a comunhão entre eles, tanto mais firmemente estão unidos e mais pleno é o seu amor. Quero falar desse amor com que devemos amar a Deus antes do mais e acima de tudo. Esse amor é que dá forma a toda vida bem-ordenada, a fim de torná-la boa[13].

---

13. Balduíno de Cantuária. *De Vita Coenobitica*, PL 204, 553.

É claro que nem tudo na sociedade monástica é sempre consolador e perfeito Os caracteres são frequentemente tão rudes como em outros lugares e as circunstâncias por vezes contribuem para que se exagerem as menores dificuldades, fazendo-as parecer muito grandes. Contudo não resta dúvida de que o caráter objetivo da vida monástica faz dela uma comunhão de afeição fraternal, em que se expandem não só uma profunda caridade baseada na vontade, mas também os sentimentos mais nobres e puros do coração humano. A nobreza desses sentimentos está em proporção com sua sinceridade; esta, por sua vez, é purificada e sem ilusões.

O corpo monástico se mantém não por admirações e entusiasmos humanos que transformam os homens em heróis e santos antes do tempo, mas pela sóbria verdade que os aceita tal como são a fim de ajudá-los a se tornarem o que devem ser.

5 *In unitate* (na unidade)

A pessoa mais importante do mosteiro, a cabeça da qual dependem a paz e a ação dos membros, vela sobre os destinos de todo o corpo monástico.

É o abade que, por vocação carismática, ocupa, na comunidade, o lugar de Cristo. Empregando aqui a palavra carismática, não pretendo diminuir os aspectos hierárquicos e jurídicos do cargo abacial, apenas acentuar o fato esquecido de que o homem escolhido para governar a comunidade é alvo dessa escolha sobretudo por causa de sua aptidão para santificar os seus membros. É, portanto, designado por sua maior santidade e conhecimento das coisas de Deus, habilidade em discernir e provar os espíritos de seus discípulos e guiar a comunidade à luz dos conselhos divinos. O abade é o superior, um homem de Deus, especialmente dotado de graças e dons para o bem da comunidade.

Representante de Deus, não só exerce uma autoridade que lhe foi divinamente outorgada para governar, mas é, por assim dizer, um "sacramento" da Paternidade de Deus. Tem missão divina. É "enviado" à comunidade por Cristo, como Cristo foi enviado ao mundo pelo Pai. Cristo e o Pai estão, portanto, ocultos em sua pessoa, falam por suas palavras e ordenam o que ele manda. É enviado para governar, ensinar e santificar. Todos esses poderes são-lhe outorgados para serem exercidos na linha da Providência Divina, para as almas e à comunidade a ele confiadas. Deve, por conseguinte, antes de mais nada, compreender o que seja a Providência de Deus, já que é seu instrumento. Isso não significa uma capacidade mágica para acertar infalivelmente e tomar decisões engenhosas por meio de uma espécie de adivinhações. Significa conhecimento da Lei de Deus, pois o abade é *doctus lege divina*. Significa compreensão dos caminhos que Deus ordinariamente emprega para os homens, da Lei de Cristo, lei da caridade. Significa, portanto, que assim como Deus exerce seu poder criador e santificador para o bem das criaturas que ama com ternura, a autoridade é-lhe concedida não para esmagar e subjugar vontades humanas, mas para formá-las e desenvolvê-las.

Não foi sem razão que Cristo disse: "Os reis dos gentios dominam sobre eles, e os que exercem autoridade sobre eles chamam-se benfeitores. Mas vós não façais assim; mas o que entre vós é o maior faça-se como o menor: e o que governa seja como o que serve" (Lc 22,25-26).

No mundo, o príncipe é chamado "benfeitor", como se os benefícios que concede a seus súditos fossem dons generosos de sua parte e não direitos a eles devidos. Na economia cristã, o Apóstolo é o que vem trazer aos homens benefícios e privilégios sobrenaturais, por Deus a eles destinados. Em certo sentido, ele restitui-lhes a paz, a nobreza, a fortaleza, o amor que, originariamente, deviam pertencer ao espírito do homem, que os perdeu com a queda, mas, pela vitória de Cristo, recuperou-os.

O abade, portanto, deve estar perfeitamente consciente de que não é função sua restringir e impedir arbitrariamente a liberdade espiritual de seus filhos, obrigando-os a se submeterem à autoridade como tal. Pelo contrário, ele é escolhido por Deus para velar de modo que o dom divino da liberdade se desenvolva e cresça na alma de seus monges. Se, por vezes, mostra-se severo, essa severidade tem por fim torná-los fortes.

O Apóstolo São Paulo mostrou-se impaciente com os Coríntios não porque resistissem à sua autoridade, mas precisamente, pelo contrário, porque queriam alguns formar uma facção ao redor dele para exaltar sua autoridade acima da dos outros apóstolos (1Cor 1,12-13). Ele considerou essa obsessão de culto a um herói humano e desejo de submissão a um chefe humano como "infantilismo" (1Cor 1, 3) na Ordem Espiritual. Consistia sua missão precisamente em libertá-los dessa sujeição servil às tradições humanas, à autoridade humana, à liderança humana, de maneira que pudessem desenvolver a liberdade que haviam recebido de Deus e viverem "pelo Espírito" como cristãos adultos.

É função do abade, no mosteiro, conduzir seus filhos a essa maturidade espiritual, que consiste na liberdade e na sabedoria cristãs. Para isso deve ele próprio ser sábio e livre. Poderá, então, formar discípulos dignos de auxiliá-lo em sua tarefa e, entre eles, um bastante sábio para o substituir. Por isso é que a palavra sabedoria ocorre tão frequentemente nos textos de São Bento. Para ele, o monge não era, sem dúvida, uma criança grande, incapaz de se governar ou de fazer coisa alguma. O beneditino tem a verdadeira infância espiritual da alma madura porque é dócil às inspirações do Espírito Santo. Só nessas condições pode a casa de Deus ser sabiamente governada, como quer São Bento, por homens sábios: *domus Dei a sapientibus sapienter administretur*.

As festas do ano litúrgico fazem penetrar nesse mistério de modo vivo e simbólico. A família monástica se reúne com particular solenidade na igreja abacial. Ali, diante do altar-mor, a comunidade toma consciência de modo especial de sua vocação e de seu caráter sobrenaturais. Com certo esplendor, que não está em contradição com o estado monástico, o abade se reveste da mitra, das vestes pontificais, toma o báculo e procede à celebração dos sagrados mistérios, rodeado de seus filhos, que o assistem em funções diversas. Ali, a comunidade inteira é una em sua grande obra de "ser" um outro Cristo, de oferecer, com Cristo, o sacrifício de louvor e de adoração à Igreja.

Para que esse sacrifício possa ser verdadeiro e aceitável a Deus, deve proceder de um organismo místico unificado e integrado, em que o próprio Cristo vive e age por meio do seu Espírito Santo. Esse organismo é simbolizado pelas solenes cerimônias pontificais em que o abade, chefe da comunidade e representante de Cristo, consente que seus sacerdotes e diáconos o assistam no altar. Os monges mais velhos, mais maduros, aos quais já foi conferida a honra das Ordens Sacras, mantêm-se ao lado do abade enquanto ele oferece o Santo Sacrifício. Os mais jovens, cada um por sua vez, cantam os textos litúrgicos e levam ao altar a matéria para o Sacrifício. Outro jovem monge oferece o incenso. Os mais moços, recém-vindos à vida litúrgica, desempenham também uma função: um segura uma vela, outro o livro, outros o báculo ou a mitra do abade. E todo o conjunto do coro monástico acompanha a missa com cantos solenes.

Tudo aqui fala de Cristo vivendo em sua Igreja, Cristo, o Sumo Sacerdote de toda a criação, o Verbo em quem subsistem todas as coisas, o Cordeiro imolado desde o início do mundo. Mas, sobretudo, fala, com eloquência, do "Cristo monástico", o Corpo Místico de membros unidos à Cabeça em estreita solidariedade e amor fraterno cheio de zelo, oferecendo a vida em sacrifício de louvor, em honra do eterno Pai.

A unidade aqui simbolizada não é apenas a unidade jurídica de um corpo cujos membros estão sujeitos à autoridade da Cabeça; é, também, a unidade espiritual de um organismo místico, que manifesta exteriormente a realidade interior e oculta da comunhão dos santos.

Quando, no altar, o abade celebra a missa pontifical, estamos em presença não apenas do corpo monástico unido na oração, formando um só coração e uma só voz, mas de todo o Corpo Místico de Cristo, unido com ele em sua adoração no Pai. E recordamo-nos de que a realidade invisível é muito mais vasta do que a que contemplamos. Compreendemos, ainda uma vez, o tremendo mistério e o silêncio que se escondem nas palavras, nos pensamentos e nos símbolos de nossa fé.

Estamos, aqui, em presença da invisível e perfeita liturgia do céu, incompreensível às nossas mentes, cujos cânticos são silenciosos e as orações, ocultas em Deus – liturgia de louvor que promana de Deus, qual rio de fogo para queimar em suas criaturas, atraindo-as à sua glória oculta, restituindo-as, novamente, enriquecidas com uma vida que tende sempre a crescer, porque mergulha sem cessar no vasto mar do ser que tudo encerra.

Aqui, diante do altar onde a comunidade se reúne para participar do banquete Eucarístico, sabemos que estão também presentes os solitários do deserto. É a missa deles como é a nossa. Sabemos que os presos e os confessores da fé, encerrados nas masmorras e nas minas do perseguidor, acham-se igualmente presentes. É, talvez, ainda mais a missa deles do que a nossa. Sabemos que as almas sepultadas no mistério da morte e não ainda purificadas estão presentes. A missa é delas como é nossa. Recordamo-nos, enfim, de que o corpo monástico inteiro, passado, atual e futuro, está presente de modo especial, e que a Igreja toda assiste a esse Sacrifício que é seu, pois a Igreja, toda ela, é una na caridade e no Espírito de Jesus Cristo. Essa caridade, derramada pelo Espírito Santo, é a vida, a forma e o princípio ativo do monaquismo: escondida, silenciosa, sepultada no mistério. Mas existe, também, um elemento visível, um fator material, que deve ser animado por esse Espírito oculto.

O elemento material, a carne e os ossos que revestem esse espírito solitário com um poder que lhe permite agir no mundo dos homens se encontra na observância monástica. A observância varia, quanto aos pormenores, nas diversas famílias monásticas; não, porém, no que é essencial. É baseada numa estrutura que forma o quadro em que os principais deveres do monge devem ser realizados. Em nosso tempo, em que há, de fato, poucos solitários vivendo no deserto, as regras e os costumes do mosteiro criam um deserto espiritual feito de silêncio, de solidão, de desapego, de pobreza, de austeridade, de trabalho e de oração.

As diferenças na disciplina monástica dependem, em grande escala, da medida em que cada regra procura se acomodar às limitações do homem. As melhores regras monásticas não são necessariamente as mais austeras, pois a severidade não é a única norma dos valores no mosteiro. As regras mais perfeitas são aquelas que melhor se adaptam ao fim visado – auxiliar os homens de carne e osso a levarem, eficazmente, uma vida de oração. Se a regra é demasiadamente austera, pode o monge tornar-se máquina de mortificações; cessará, no entanto, de ser homem de oração. Em lugar de transformá-lo no que ele deve ser, a regra, então, frequentemente o inutiliza. Se a regra não for bastante austera, deixar-se-á o monge amolecer quanto à oração e à disciplina espiritual, tornando-se, de fato, um confortável burguês (ainda que, talvez, ansioso), qual membro inerte da classe média.

As regras mais austeras, as que procuram o mais possível reproduzir a pureza original da vida monástica, dão maior ênfase à solidão, à penitência, ao trabalho manual, à oração contemplativa. Conquanto conservem consciência nítida de que o monge é homem do deserto, as regras menos austeras voltam-se em certa medida para o mundo, de maneira a possibilitar a vida monástica à maioria das vocações a quem o ideal puro seria intolerável. Nessas regras dá-se preferência à oração vocal e litúrgica, às obras de misericórdia, à vida comunitária, ao trabalho intelectual, ao ensino e mesmo ao ministério apostólico. Essas duas tendências, uma solitária, a outra social, estão sempre unidas nas diferentes formas do monaquismo. Cada mosteiro mantém, em grau diverso, uma mescla de vida solitária e de vida comum.

Os monges cartuxos levam vida semieremítica. Cada monge tem cela própria que, por assim dizer, faz parte de uma comunidade de celas. Os camaldulenses, que são, talvez, de todos os monges do Ocidente, os que têm maior flexibilidade, bem como os mais tradicionais quanto à observância, mantêm comunidades cenobíticas e eremíticas. Um camaldulense pode ser tanto cenobita como eremita, e até mesmo recluso. Assim, podem ser encontrados, numa mesma forma de vida, graus diversos de solidão, inclusive um dos mais absolutos e perfeitos.

Os trapistas-cistercienses e certos ramos beneditinos, como La Pierre-qui-Vire, mantêm vida realmente cenobítica, em que a solidão é assegurada pela prática rigorosa do silêncio e da clausura. La Pierre-qui-Vire representa igualmente a autêntica tradição beneditina que permite um eremitério a pouca distância do mosteiro e supõe que o abade terá a necessária discrição para discernir qual de seus monges terá as qualidades requeridas para bem aproveitar esse gênero de vida.

Os beneditinos de Solesmes, apesar de conservarem o princípio da solidão e do isolamento do mundo e se manterem silenciosos dentro do mosteiro, sabem, contudo, haver herdado de Cluny e Saint-Maur missão especial:

a de apresentarem ao mundo o testemunho de um corpo monástico plenamente consciente da presença e da glória de Deus. Assim sendo, a liturgia e os estudos sacros ocupam lugar de maior importância numa comunidade que é, de maneira quase visível, a Corte do Rei dos Céus.

Os cistercienses da Comum-Observância e algumas das outras grandes Congregações beneditinas, enquanto conservam os estudos e a liturgia, têm servido à Igreja em obras de apostolado, na pregação e no ensino sem, com isso, perder a orientação essencial para Deus e na solidão.

À austera tradição do monaquismo silencioso e contemplativo não faltam elementos de profundo e vital humanismo, mas é, sobretudo, uma tradição de desprendimento, austeridade, fé e oração. O estudo, a liturgia, a arte, a agricultura, a educação e o apostolado da pena têm seu lugar no quadro da austeridade e do silêncio monásticos. Esse lugar, contudo, é e sempre deverá ser secundário.

II
A vida cenobítica

1 São Bento

Vimos, um pouco, em que consiste o espírito monástico. Veremos, agora, as várias formas em que esse espírito se encarna, pois a vida monástica não é simplesmente um espírito desencarnado. Está encarnado nas diferentes formas de observância que expressam as diversas interpretações da regra beneditina.

No que é básico e essencial, o espírito monástico é uno e o mesmo nos vários ramos da Ordem Monástica. As diferenças acidentais que distinguem o monge cisterciense do de Solesmes ou o beneditino branco de Prinknash do eremita camaldulense são suficientemente profundas para constituírem diversidade específica em sua espiritualidade.

Todos procuram glorificar a Deus e salvar suas almas, abraçando a vida contemplativa em conformidade com a Regra de São Bento e guiados por seu espírito. As variantes na observância dependem, em larga medida, da importância que cada família monástica dá a esse ou àquele aspecto particular da regra beneditina. Mas essa aplicação particular da fórmula beneditina, conquanto *adaptando* a essência da regra a certos tempos, lugares ou circunstâncias especiais, jamais poderá permitir mudar a essência da própria vida monástica.

Alguns ramos beneditinos acentuam a austeridade da regra; outros são mais abertos ao espírito de humanismo e da discrição que nela se encontram. Enquanto uns afirmam a natureza essencialmente contemplativa e solitária do ideal monástico, outros recordam o fato de que, na prática, o próprio São Bento e os primeiros beneditinos reservavam ao apostolado lugar definido na vida do monge. Mas, na realidade, essas duas tendências, uma solitária e austera, a outra social e humanística, devem sempre, até certo ponto, unirem-se em toda vida monástica. O fim visado por cada observância determinará em que proporção uma tendência dominará a outra. Esse fim, aliás, será simplesmente a maneira especial de chegar ao único alvo proposto por São Bento a todos os seus filhos.

O monge é sempre e essencialmente homem de oração e penitência. Seus horizontes são sempre os do deserto. Tudo abandonou em espírito de renúncia a si próprio para seguir a Cristo na pobreza, no trabalho, na humildade. Em uma palavra, a vida monástica é a cruz de Cristo.

Se a ciência, a literatura, a obra da educação, as pesquisas históricas e o ministério apostólico encontram lugar em sua vida, é somente na medida em que se enquadram nessa perspectiva que se abre sobre o deserto que o monge deve atravessar em sua viagem para Deus. Se algumas interpretações da regra são menos austeras do que outras, é porque esperam permitir ao homem comum levar a vida contemplativa sem prejudicar a saúde física ou mental. Se alguns mosteiros sabiamente se especializam em estudos bíblicos, patrísticos, em liturgia e canto, é porque julgam ser esse o meio mais eficaz para alimentar a vida de oração de certo tipo de alma.

As variantes na observância monástica são todas boas e necessárias, tornando a vida monástica acessível a diversos tipos de homens. Aquele que não se adapta numa dessas famílias monásticas encontrará, muito provavelmente, seu lugar em outra.

Portanto, a despeito das diferenças que as distinguem, todos os ramos da família beneditina têm algo em comum. Antes de considerar em que diferem, vejamos até que ponto vai essa semelhança.

Têm, todas, um pai comum e uma regra comum. O fim que se propõe a regra é formar Cristo na alma do monge, de maneira muito semelhante àquela em que Ele foi plasmado na alma de São Bento. A regra, que nada mais é senão o modo de vida de Bento, indica-nos a maneira particular pela qual o monge interpreta e aplica as lições do Evangelho de Cristo. O monge beneditino é, simplesmente, alguém que compreende e vive o Evangelho como São Bento o compreendeu e viveu.

Quem era São Bento? Como interpretar o Evangelho e aplicá-lo à própria vida?

A história não nos diz muito a respeito de quem era Bento; diz, sobretudo, o que fez. A maioria das datas em sua vida geram controvérsias. Basta-nos colocá-lo no século em que viveu: o sexto.

Era romano; estabeleceu (na Itália, onde ela já existia) a vida monástica sobre sólidos fundamentos, na época em que terminava a grande invasão dos bárbaros. A regra, que é a súmula de toda a sabedoria acumulada pelo monaquismo oriental, veio a suplantar todas as demais regras do Ocidente. O monaquismo beneditino teve tamanha importância na reconstrução da Europa após as grandes migrações que, com razão, Bento é chamado não somente pai do monaquismo ocidental, mas simplesmente "pai do Ocidente".

Contemplemos agora o retrato vivo que dele nos deixaram seu biógrafo São Gregório Magno e a própria regra. É na regra e na pessoa de Bento que encontramos o espírito e a "forma" sem os quais monge algum poderá considerar-se verdadeiro beneditino.

A primeira característica que nos impressiona na personalidade de Bento é a sua excepcional seriedade. O espírito beneditino é um espírito de maturidade e profundeza. Mesmo quando criança, tinha Bento a sabedoria que normalmente só com a experiência de longos anos adquirimos. Dotado de prudência sobrenatural, tinha penetrante intuição do nada das coisas mundanas, delas se afastando para consagrar a vida ao Criador. Toda a vida de Bento pode ser resumida nas palavras com que São Gregório o descreve no momento em que ele se retira para a gruta solitária de Subiaco: "No desejo de agradar somente a Deus", *soli Deo placere desiderans*.

Sua vida, portanto, foi simples e austera. Pondo de lado tudo que não era Deus, e só, sob os olhares do Contemplador Supremo, pôs-se a viver consigo mesmo (*solus in superni spectatoris oculis habitavit secum*)[14]. Eremita, vivia em total dependência da Providência Divina; de fato, a fé na Providência foi uma das grandes características de São Bento, que decidira dar aos pobres tudo que na Terra tinha, de maneira a preparar para si tesouros nos céus[15].

Nisso seguia a letra o Evangelho de Cristo, em toda a sua simplicidade. "Todo aquele que não renunciar a tudo que possui não pode ser meu discípulo" (Lc 14,33). "Vendei o que possuís, e dai esmolas; fazei para vós bolsas que não se gastem com o tempo; ajuntai nos céus um tesouro que não acaba, onde não chega o ladrão, nem a traça rói" (Lc 12,33).

A vida de Bento na gruta de Subiaco foi uma luta para a conquista contra si próprio, as paixões e os espíritos malignos. Havendo, enfim, alcançado a *apatheia* (ou libertação das paixões), o que o tornava capaz de ser mestre de outros monges, viu-se rodeado de discípulos, a ele enviados pelo Espírito Santo. Teve, então, início sua vida de abade e fundador de Ordem Monástica.

---

14. "Só, sob os olhares do Contemplador Superno pôs-se a viver consigo mesmo" (São Gregório. *Diálogos II*, PL 66, col. 136).

15. *Ibid.*, col. 186.

Perseguido pelo ódio de homens invejosos, teve o ensejo de pôr em prática com toda a perfeição aquela mansidão com que Cristo nos ordena amarmos a nossos inimigos[16]. Enfim, em meio a todas as preocupações que assediam um abade e um apóstolo, gozava da mais alta contemplação mística juntamente aos dons carismáticos da profecia, dos milagres e do discernimento dos espíritos. Era, no mais alto sentido, "homem de Deus", possuído e transfigurado pelo Espírito Santo; vivia e agia movido pelo Espírito, vendo e conhecendo todas as coisas à luz do Verbo, de maneira que, por fim, contemplou toda a criação reunida como se fora "em um só raio de sol". E comenta São Gregório: "Para aquele que vê o Criador, todas as criaturas se reduzem a nada"[17].

É esse, portanto, o molde que deve inspirar a forma de vida de cada monge beneditino. Não temos necessidade e de fato não podemos reproduzir em nossas vidas todas as circunstâncias externas da vida de São Bento. A maioria de nós não pode viver só numa gruta; poucos gozarão do dom dos milagres que ele tinha. Mas temos de ser homens de Deus como ele foi; devemos, com ele, ser transformados pelo Espírito de Deus; haveremos de nos abandonar, como ele, à vontade de Deus. Como Bento, temos de reproduzir em nós a caridade de Cristo. E, como ele, desejar ardentemente ver a Deus.

Como poderá isso ser feito? A regra nos dá a resposta.

---

16. *Ibid.*, col. 136.
17. *Ibid.*, col. 260.

O essencial na Regra de São Bento está na renúncia à vontade própria para imitar a Cristo, que disse: "Vim não para fazer minha vontade, mas a vontade daquele que me enviou" (Jo 6,38). A vida beneditina consiste em seguir a Cristo na obediência, humildade e caridade. O monge é um outro Cristo, "obediente até à morte". O propósito dessa renúncia, no entanto, não é apenas de nos colocar numa posição de sujeição para com um superior que é uma criatura humana. Os votos e a regra nos tornam submissos a Deus, ensinam-nos como obedecer a Deus. Visam colocar-nos sob a direção imediata do Espírito Santo. Quando somos capazes de ouvir, compreender e corresponder a cada impulso secreto do Espírito, nossas vidas cessam de ser dominadas pelo temor. Então, como diz São Bento, tudo fazemos "por amor de Cristo, por hábito bom e pelo próprio atrativo das virtudes – isso o Senhor se dignará manifestar pelo Espírito Santo, no seu servo purificado de vícios e pecados"[18].

A vida que São Bento tinha em mente quando escreveu a regra era a vida que ele próprio então levava. Qual era essa vida?

O mosteiro era um pequeno edifício, ou um grupo de edifícios, muito simples, onde habitava uma comunidade de 12 ou 15 monges. Um aposento era reservado para o Oratório, outro estava destinado aos noviços. São Bento parece ter tido cela própria. Havia uma cozinha, um refeitório, um dormitório comum. No recinto da

---
18. Santa Regra, cap. 7, fim.

clausura achavam-se o moinho, a padaria e diversas oficinas, onde os monges trabalhavam.

A comunidade subsistia pelo trabalho dos monges; de tempos em tempos recebiam dons dos benfeitores ou de ricos viajantes – hóspedes do mosteiro. Contudo preferia São Bento dar hospitalidade aos pobres. Em todo caso, a hospedaria do mosteiro era parte essencial duma instituição cujo fundador via em cada forasteiro, como em cada membro de sua família monástica, o próprio Cristo.

Os monges eram despertados mais ou menos uma hora depois da meia-noite para cantar ou salmodiar um ofício muito simples, consistindo em salmos e lições. Não conheciam nenhum dos acréscimos e adições que complicaram, desde então, o breviário. Sete vezes ao dia, reuniam-se no oratório, ou no próprio lugar em que trabalhavam nos campos, para a recitação das horas canônicas. Cada uma das "horas menores" levava uns dez minutos. Após os salmos havia alguns instantes de meditação em comum, que São Bento fazia questão fosse curta.

O que mais nos impressiona quando compreendemos o sentido da legislação de São Bento no que concerne à liturgia monástica é seu desejo constante de que tudo seja simples e breve, em conformidade com as palavras de Cristo: "Quando orardes não faleis muito, como os pagãos, pois pensam que falando muito é que serão ouvidos" (Mt 6,7). Entretanto deixa a regra liberdade ao monge para prolongar a oração em particular de acordo com a inspiração do Espírito Santo[19]. Em outros termos, a oração litúrgica em comum não deve tornar-se rotina enfadonha e a oração contemplativa pessoal é deixada à livre escolha de cada um. Assim, São Bento estava seguro de que, quando o monge desempenhava sua principal obrigação – o louvor de Deus no coro –, fazia-o com o espírito fresco e atento às palavras proferidas.

Após o ofício coral, dividia-se o dia do monge entre a leitura (*lectio divina*) e o trabalho manual. Podia haver de cinco a oito horas de trabalho; duas a três horas eram reservadas à leitura e à meditação.

As refeições da comunidade, sem carne, eram simples, mas, comparadas ao regime dos Padres do Deserto, muito abundantes. Havia amplamente tempo para dormir.

Eis, portanto, o quadro primitivo que serve de base a toda observância beneditina. Vemos que é notável, sobretudo, pela simplicidade e pelo equilíbrio. Podemos facilmente compreender por que de século em século os monges procuram continuamente rejeitar as complicações e os acréscimos empilhados sobre essa simples estrutura para voltarem à simplicidade da vida levada por São Bento. Ao mesmo tempo, é fácil compreender que será sempre necessário haver adaptações e que sempre serão feitas modificações na Ordem Primitiva do dia beneditino.

---
19. Santa Regra, cap. 20.

2 Os beneditinos

A Primitiva Observância beneditina em breve sofreu modificação. Em primeiro lugar, os monges entraram em contato com o "monaquismo urbano" – isto é, com grupos de monges, ou, antes, cônegos, que existiam apenas para preencher as funções corais nas grandes basílicas romanas. A única razão da existência desses grupos era o louvor a Deus no ofício divino. Desconheciam as características do monge: os trabalhos, o ocultamento, a solidão.

Em alguns mosteiros, a vida beneditina adotou sem demora o caráter exclusivamente litúrgico desses grupos, sobretudo quando os próprios beneditinos foram convidados a substituírem os cônegos nas basílicas e catedrais das grandes cidades da cristandade. Os ofícios se tornaram mais longos, cerimônias litúrgicas foram acrescentadas; o trabalho tornou-se mais raro ou deixou de existir e o monge adquiriu consciência profunda da função que lhe era confiada: celebrar com a maior solenidade o culto público da Igreja. Daí o conceito de que o monge existia *propter chorum*, para o coro e nada mais. A liturgia, que era, entre os deveres do monge, o mais importante, tornou-se, afinal, toda a sua vida.

Além disso, no século que se seguiu à morte de São Bento, iniciaram-se as grandes peregrinações missionárias dos monges beneditinos. Santo Agostinho foi enviado à Inglaterra; em breve, outros deixariam a Inglaterra para evangelizar a Alemanha. O ardor do zelo missionário a *peregrinationis amor*, que fez sair São Wilibrordo do seu claustro de Ripon, tornou-se a paradoxal característica de santos que haviam feito o voto beneditino de estabilidade (isto é, o voto de viver e morrer no mosteiro onde tinham professado).

Foi isso não só legítima, mas providencial, adaptação da fórmula beneditina, que certas cláusulas da Santa Regra pareciam antecipar[20]. Os monges haviam sido escolhidos para espalhar a fé cristã e preservar o que fosse possível da Ordem e da cultura romanas, contudo a vocação deles devia permanecer o que sempre fora, essencialmente contemplativa, sedentária e silenciosa.

O efeito combinado dessas duas influências – litúrgica e missionária – na vida beneditina foi sentido em graus diversos nos diferentes mosteiros. Não devemos imaginar que todos os monges começaram a passar seu tempo todo no coro ou no púlpito, mas desde o início do sétimo século tornou-se o monge um membro de vasta comunidade dedicada ao desempenho de funções litúrgicas de maior esplendor das que Bento conhecera, com grandes extensões de terra cultivadas por servos ou por trabalhadores assalariados, aplicando-se ao estudo, à pena e ao ensino mais do que a qualquer outra tarefa exceto à oração litúrgica.

---

20. Permite São Bento vestes mais quentes em climas mais frios que o da Itália e prevê que seus monges podem ter de viver em países onde não haverá vinhas, não conseguindo obter vinho (cf. capítulos 55 e 40 da Santa Regra).

São Beda é o mais encantador e completo exemplar desse tipo de santidade beneditina. Newman disse dele que "em sua pessoa e em seus escritos é ele o tipo verdadeiro do beneditino". A concepção que São Beda tinha da vida beneditina era característica. Procurava, dizia, "repousar dentro da clausura do mosteiro e servir a Cristo com toda segurança e liberdade". E acrescentava: "Sempre me deliciava, além da observância da disciplina regular e do canto do ofício no coro, em estar aprendendo, ensinando ou escrevendo constantemente"[21]. Não devemos pensar que havia nisso a menor sombra daquilo que censuramos como sendo "ativismo". Beda era um contemplativo; dizia ele: "Há uma só teologia, que é a contemplação de Deus, e todas as outras obras meritórias e os estudos das virtudes são, com razão, colocados em segundo plano"[22].

Após a tentativa, que em parte falhou, de São Bento de Aniane, de codificar e estabelecer firmemente esse tipo de vida beneditina como sendo o "padrão" de todo monaquismo cristão, veio a fundação de Cluny, em 910. Cluny devia tornar-se a maior coisa jamais vista na cristandade; teve, porém, inícios obscuros e humildes, como qualquer outra reforma monástica.

O ideal ascético que presidiu ao nascimento de Cluny foi estimulado, de uma parte pelo espetáculo da decadência monástica geral, de outra pelo temor do fim

---

21. PL 90, 37.
22. Comentário sobre São Lucas, cap. 10, PL 90.

do mundo esperado para o ano mil. Era intenção dos fundadores suscitar em Cluny uma renovação da austeridade beneditina. Acentuava a obrigação do monge de se separar do mundo para viver na solidão e dava ênfase ao fato de ser a vida monástica vida de oração ininterrupta. Para os monges de Cluny, isso significava oração vocal quase contínua no coro.

A reforma em breve se espalhou atingindo várias das maiores abadias da Europa. Por toda parte surgiam novas fundações. A Ordem Monástica estava salva. Não somente isso; estava agora em condições de alcançar o mais alto grau de desenvolvimento. Os dois mil mosteiros de Cluny tornaram-se, no tempo do abade São Hugo (1049-1109), o baluarte da autoridade papal e o principal esteio de São Gregório VII na obra das vastas reformas do início da Idade Média. A importância política de Cluny não nos deve fazer esquecer a santidade de vida que se levava nesses mosteiros. O esplendor arquitetural e litúrgico de Cluny foi, durante duzentos anos, apenas o revestimento externo de uma santidade interior, sem dúvida, extraordinária. A arte românica, as esplêndidas igrejas abaciais que ainda subsistem na Borgonha, no Auvergne e no Languedoc, dão testemunho da vitalidade interior ímpar do monaquismo cluniciense.

Poderíamos ser tentados a imaginar o ideal de Cluny como apenas a organização racional de um cristianismo poderoso e mundano, feliz em considerar riquezas e esplendor como manifestações terrenas das glórias celestes.

Devemos, porém, contemplar mais de perto, e veremos que Cluny foi, em realidade, puramente beneditino, o que significa ter sido a humildade a pedra angular de todo o edifício.

Longe de ter consciência de estar destinado a uma carreira gloriosa, que o conduziria ao episcopado, o monge de Cluny compreendia em plenitude serem os membros do monacato aqueles que, na Igreja, haviam escolhido o último lugar e renunciado a todas as honrarias eclesiásticas. Assim como os Padres do Deserto, tinha ele abandonado o mundo e suas pompas para se empenhar no obscuro combate contra os poderes do mal que o monge deve empreender, lutando como Cristo lutou no deserto. Despojado de toda esperança de grandezas hierárquicas, o papel do monge na Igreja é invisível; jamais será alguma coisa ou alguém aos olhos dos homens porque sua vida está oculta com Cristo em Deus.

Em Cluny dava-se a maior importância ao silêncio monástico, garantia de disciplina e de regularidade. Porque silencioso, era Cluny considerado o "paraíso" da observância monástica e, como tal, louvado até mesmo pelos cartuxos.

Os monges de Cluny, portanto, não hesitavam em afirmar ser sua vida verdadeiramente contemplativa. A contemplação, alimentada inteiramente pela liturgia e pelos salmos, consistia, essencialmente, numa tomada de consciência de Deus, da Sabedoria Divina, que vive e se manifesta na comunidade monástica. O mosteiro é não só a corte de Cristo, o Grande Rei, mas também o Corpo de Cristo. É o próprio Cristo.

Em outros termos, o que constituía a vida contemplativa em Cluny – litúrgica e cenobítica até a medula – era a profunda consciência da caridade de Cristo, viva e ativa nos corações de todos os que viviam nessa enorme comunidade. A "Santa Igreja de Cluny" era um mosteiro contemplativo por ser um "paraíso de caridade". Sem essa condição isso não teria sido possível.

Solesmes

Tudo o que de melhor havia no espírito de Cluny vive ainda nos mosteiros beneditinos das Congregações de Beuron, da Bélgica e de Solesmes.

A Ordem Beneditina, que praticamente fora extinta pela Revolução Francesa, ressuscitou em 1833, quando um sacerdote secular francês adquiriu as ruínas da Abadia de São Pedro, em Solesmes, onde se instalou com mais três companheiros. Trazia consigo o sinete da Congregação de São Mauro e o antifonário do antigo mosteiro de Saint Germain des Près, dessa Congregação. Dom Prosper Guéranger, erudito e liturgista, tinha clara e profunda intuição das necessidades do cristianismo do século XIX. Fundou a Congregação de Solesmes, que devia entregar-se a um trabalho todo especial na Igreja de Deus.

O culto litúrgico da Igreja havia declinado desde que a verdadeira compreensão da liturgia praticamente deixara de existir. Separada da sua fonte mais profunda e íntima, a piedade cristã era, por vezes, pouco mais que uma miscelânea de devoções particulares. O canto gregoriano, onde era conhecido, de tal modo era incompreendido, que se tornava simples caricatura da música sacra.

Embora contemporâneo dos românticos, o retorno efetuado por Dom Guéranger à antiguidade cristã foi algo muito mais profundo do que a busca de um efeito artístico ou sentimental. Era ele algo mais do que um simples amador de antiguidades. Sentiu a necessidade de despertar novamente a consciência profunda de que a vida da Igreja é a vida de Cristo; a oração da Igreja, a oração de Cristo; o canto da Igreja, o canto de Cristo. Foi um retorno ao misticismo de Cluny e de São Bento.

A "Igreja" monástica é um Corpo Místico de homens cuja função consiste em se perder inteiramente nos grandes mistérios litúrgicos, esquecendo-se a si mesmos e aos seus próprios interesses, de maneira a se deixarem totalmente absorver pelo *sensus Christi*, a realizarem a "caridade de Cristo que excede a toda compreensão, e serem repletos da plenitude de Deus" (Ef 3,19). O monge de Solesmes é, antes de mais nada e acima de tudo, *vir Ecclesiae*, homem da Igreja pela qual "a multiforme sabedoria de Deus foi manifestada aos principados e potestades nos céus" (Ef 3,10).

Esse ideal, expressou-o Dom Guéranger nos seguintes termos:

> Esquecermo-nos a nós mesmos, vivermos habitualmente recolhidos, mergulharmos com zelo nossas almas na própria beleza dos mistérios, interessarmo-nos por todos os aspectos da economia sobrenatural de acordo com a inspiração do Espírito de Deus, único a poder ensinar-nos a orar. A palavra de Deus, a dos santos – à medida que as repetimos e lhes compreendemos cada vez mais profundamente o sentido – possuem uma graça suprema para libertar suavemente a alma de toda preocupação de si, de maneira a encantá-la e a introduzir no próprio mistério de Deus, de Cristo. Uma vez lá, temos só a contemplar e amar em toda simplicidade.

Aqui, ainda, não resta a menor dúvida sobre o caráter essencialmente contemplativo da vocação beneditina. Conforme lhe dizem as Constituições, o monge de Solesmes procura, no mosteiro, "a oração, a vida retirada e laboriosa do claustro, para se manter na presença de Deus e ter o espírito voltado para o que é eterno".

Que significa essa vida laboriosa do claustro? Dom Guéranger não repudia a concepção tradicional da tranquilidade monástica e dos lazeres da vida de contemplação – mas é um lazer que dá frutos, em que o estudo e a pesquisa produzem resultados de importância para a Igreja inteira. "A vida monástica é inteiramente ordenada à contemplação e os monges deverão aplicar-se especialmente aos estudos próprios, a alimentar e desenvolver em seus corações o espírito de oração"[23].

---

23. *Declarationes ad Sanctam Regulam,* C. XX.

Há no mosteiro algum trabalho manual, ocupando-se os monges nas habituais tarefas domésticas e, por vezes, no jardim ou nos campos. Contudo o trabalho intelectual tem a primazia. Uma comunidade da Congregação de Solesmes muitas vezes formará uma "equipe" de eruditos ocupados em pesquisas importantes, como a nova edição da Vulgata, preparada pelos monges do Mosteiro de São Jerônimo, na Cidade Eterna – ou, ainda, a edição da *Vetus Latina* – e também os longos anos de aplicação ao estudo do canto gregoriano feito em Solesmes desde os dias de Dom Guéranger.

Solesmes já é célebre, não há necessidade de informar o mundo a respeito dos trabalhos tão fecundos lá executados. Mas é preciso compreender bem ser Solesmes algo mais que uma universidade monástica. Se, em nossos dias, há um renascimento de vida contemplativa na Igreja, devemos reconhecer que isso se deve tanto aos beneditinos de Solesmes e de Marialaach quanto aos trapistas e cartuxos.

Frequentemente, os que se dizem contemplativos olham com desprezo para os trabalhos dos eruditos que vivem no claustro. Entretanto a contemplação cristã nada é se não se alimenta da revelação de Deus, de sua Sabedoria, no mistério de Cristo. A contemplação cristã será ilusória, impotente e estéril se não for nutrida pelos sacramentos e pela teologia da Igreja. Os beneditinos de Solesmes, de Beuron e de outras Congregações foram os que puseram novamente outras Ordens Monásticas importantes em contato direto com o grande mistério de Cristo, tal como está revelado na Escritura e é contemplado pelos Santos Padres e pela liturgia da Igreja.

Não devemos de modo algum subestimar a disciplina e o ascetismo que fazem parte desse trabalho intelectual do monge. Diferindo do estudioso da universidade que, como autor de alguma dissertação erudita, pode considerar a possibilidade de se tornar "célebre", o monge de Solesmes provavelmente nada mais será do que obscuro e anônimo colaborador num comum projeto pelo qual jamais receberá felicitações. Sua individualidade estará submergida no trabalho feito pela comunidade; contudo, se está submergida, nem por isso estará perdida. Está sublimada e espiritualmente transfigurada; pois aqui também se aplica a verdade de que quem se humilha será exaltado e quem se exalta será humilhado, e quem perde sua vida por Cristo achá-la-á de novo. Precisamente aqui encontramos a humildade que Pedro, o Venerável, sentia ser a característica de Cluny – humildade que é essencialmente básica na espiritualidade de São Bento. Renúncia a si próprio em prol do bem comum. Esquecimento de si para a glória de Deus e do "Cristo total".

Isso não implica renúncia à responsabilidade, fuga diante da vida, mas a plena aceitação de ambas – sem a menor preocupação pelo acidente de nenhuma importância: o aplauso humano.

O que foi dito do espírito de Solesmes pode ser aplicado, com algumas modificações, às outras grandes Congregações beneditinas dedicadas ao estudo, ao ensino e à obra missionária.

As grandes abadias americanas do Middle West são edifícios maciços que dão testemunho da origem alemã ou suíça das comunidades que abrigam. A Arquiabadia de São Vicente, fundada em 1846, em Latrobe, na Pensilvânia, é a mais antiga e venerável representante da família beneditina nos Estados Unidos. Está à testa da Congregação americana Cassinense, que conta seis abadias em Minnesota, Kansas, Carolina do Norte, Illinois, Oklahoma, Florida, Dakota do Norte, Estado de Washington, Colorado, Nova Hampshire, Ohio, Nova Jersey e Saskatchewan.

A Arquiabadia de São Meinrado, no Estado de Indiana, fundada em 1853 pela abadia suíça de Einsiedeln, está à frente da Congregação Americana Suíça, com novas casas em Arkansas, Missouri, Louisiana, Oregon, Illinois, Wisconsin, Dakota do Sul e Colúmbia Britânica.

Essas duas Congregações nasceram quando os Estados Unidos ainda eram território de missões; seu espírito é, portanto, apostólico. Os beneditinos foram – e são ainda – missionários entre os indígenas. Construíram também escolas superiores, colégios e seminários que têm formado várias gerações de padres americanos.

A Abadia de São João, fundada em 1856, perto de Saint Cloud, no Estado de Minnesota, representa tudo o que há de melhor na tradição americana do apostolado beneditino. Isolada pelos bosques, situada entre dois tranquilos lagos, essa abadia é um centro de estudos, oração, educação e apostolado litúrgico. Os jardins e as granjas são cultivados pelos Irmãos conversos e os clérigos, enquanto os sacerdotes lecionam no colégio, na Universidade e no Seminário Diocesano mantidos pela abadia. Duas importantes revistas são publicadas pela abadia, *Worship* e *Sponsa Regis*; os monges mantêm igualmente pequena oficina impressora, a *Liturgical Press*.

Os abades do Mosteiro de São João sempre se empenharam em nunca recusar um apelo vindo das missões. A abadia mantém, portanto, comunidades, com colégios ou missões, em Porto Rico, nas ilhas Bahamas, no Japão e no México. Monges americanos, em traje secular, para se conformar às leis mexicanas, ensinam a dois mil alunos na escola secundária de Tepeyac, subúrbio da capital mexicana.

Uma das facetas mais interessantes do apostolado da Abadia de São João se destaca nos cursos de Pastoral e de Psicoterapia ministrados no verão. Ali, sacerdotes do clero secular e das Ordens religiosas, juntamente a pastores e ministros protestantes de várias confissões religiosas, reúnem-se em sessões de estudo dirigidas por psiquiatras e psicanalistas de destaque, vindos de diferentes pontos do país.

Tanto zelo ativo e trabalho frutuoso em nada altera o caráter fundamentalmente beneditino da vida das abadias americanas. É o mesmo espírito de adoração e de trabalho que caracterizava a Ordem quando São Gregório enviou monges beneditinos para recristianizar as ilhas britânicas. Há, talvez, menor silêncio e contemplação do que se poderia encontrar nos mosteiros da Primitiva Observância, mas a atmosfera permanece a mesma que a de uma verdadeira comunidade beneditina, unidos pela caridade e pelo espírito de humildade e de oração essenciais à Ordem.

Os estados de Minnesota e Dakota do Norte estão salpicados de paróquias fundadas pelos beneditinos, e as cercanias da Abadia de São João muito se assemelham a certas regiões da Alemanha e da Áustria; em quase cada aldeia se eleva a esguia torre de uma igreja, construída pelos monges no tempo dos pioneiros, a dominar a paisagem.

Existe um membro isolado da Congregação Missionária de Santa Odila, a Abadia de São Paulo, em Newton, Nova Jersey. Enfim, há ainda dois mosteiros independentes, novas fundações da "Beneditina Primitiva", um em Elmira, Nova York, outro em Weston, em Vermont. Falaremos dessas duas fundações mais adiante.

A Congregação beneditina inglesa mantém uma casa de estudos, o Priorado de Santo Anselmo, nos terrenos da Universidade Católica de Washington, e outra, o Priorado de São Gregório, em Portsmouth (Rhode Island), de ensino secundário, altamente conceituado.

A Congregação inglesa, da qual a Abadia de Downside é bom exemplo, acrescenta a esse espírito essencialmente beneditino uma modalidade própria. Remonta ao monge beneditino, místico, do século XVII, Dom Agostinho Baker. Encontramos aqui uma dominante diversa, uma volta à simplicidade primitiva na oração interior, silenciosa, traço sempre tão essencial da espiritualidade monástica.

Dom Baker reagiu fortemente contra a invasão de métodos e técnicas de meditação na vida monástica. Havendo quase perdido o equilíbrio mental e a vocação por ter se esforçado demais nessas coisas, decidiu combater a composição de lugar, as considerações metódicas, as resoluções e o "ramalhete espiritual". Pregou ser o que chamava de "introversão", ou "oração interior pura e espiritual", a primeira obrigação da vida monástica. Reconheceu nitidamente haver diferença essencial entre monges e cônegos. O cônego é encarregado de se entregar ao louvor divino em público como ministro da Igreja escolhido para tal. O monge, porém, salmodia o ofício divino como sendo parte de sua própria vida de oração, interior e contemplativa. É vocação do cônego salmodiar o ofício para a edificação dos fiéis; a do monge é contemplar a Deus. Há enorme diferença entre ambas.

Conquanto o cônego não esteja, de modo algum, automaticamente excluído da contemplação, um monge que se considere nada mais do que um cônego não realizará sua vocação. Como escreveu Dom Baker:

> O estado monacal não foi instituído para a edificação dos outros... (através da liturgia). As almas religiosas verdadeiramente monásticas fogem das vistas do mundo, retiram-se aos desertos e aos lugares solitários para passar a vida em solidão, na penitência e no recolhimento e purificar a própria alma, não para dar exemplo e instrução aos outros. Procuram os lugares solitários a fim de se dispor à outra e muito mais frutuosa solidão interior em que, banidas as criaturas, a alma conversa só com Deus[24].

É verdade que faltava a Baker o sentido pleno da liturgia e da relação que existe entre essa e a oração contemplativa. Mas, em realidade, não há contradição entre a insistência dele na união silenciosa, interior e solitária com Deus e a contemplação inspirada pela liturgia. No fundo, são a mesma coisa. Uma é fruto da outra. Pelos Salesmos, pela missa, o monge penetra na íntima compreensão do mistério de Cristo e entra em comunhão com o Pai, no Filho, pelo poder do Espírito Santo; e essa é a contemplação que constitui o fim principal da vida monástica.

La Pierre-qui-Vire (primeira observância)

Ao nos voltarmos para os beneditinos da Primitiva Observância – que têm Congregações em quase todos

---

24. *Sancta Sophia,* Sect. III, c. 4, n. 7.

os países onde a Ordem prospera – encontramos outra modalidade da vida monástica. Como o nome indica, a Primitiva Observância é mais severa e austera. A vida litúrgica permanece o centro da observância; a nota dominante, porém, difere. Em lugar de realçar o esplendor e a beleza que glorificam a Deus, procuram, antes, os monges, honrá-lo pela simplicidade e pela pobreza do culto que lhe é prestado. A Igreja é despojada e austera. Os paramentos e os objetos do culto são simples e rudes. Há, no santuário, mais objetos de barro do que de ouro e prata, mais lã do que seda.

Dá-se maior importância ao trabalho manual. Poderá o monge ser um intelectual, mas seus estudos não alcançarão o nível da erudição. Estuda as riquezas das Escrituras e da Tradição, não, porém, como especialista ou autoridade em algum ramo científico por ele escolhido. O monge da Primitiva Observância é mais um contemplativo do que um estudioso, embora possa ser também um estudioso. Se escreve é, antes, para repartir com outros os frutos da contemplação do que com o fim de publicar resultados de pesquisas científicas.

A vida desses monges é mais solitária e silenciosa. Os mosteiros da Primitiva Observância são encontrados de preferência longe dos lugares frequentados, estão situados no centro de tranquilas florestas ou vales isolados. A regra do silêncio é mais rigorosa. Raras são as horas de recreio, ou mesmo não existem. O jejum e a abstinência têm papel mais importante na vida do monge.

A vida simples e austera da Primitiva Observância pode, com razão, reivindicar grande semelhança com a que levou São Bento; tem, por causa disso, especial atração. De fato, em nossos dias, as vocações começam a se voltar cada vez mais, pelo menos na Europa, para os mosteiros da Primitiva Observância. Nos Estados Unidos ainda é pouco conhecida.

A Abadia de La Pierre-qui-Vire, à testa da Congregação francesa da Primitiva Observância, é maior do que qualquer outra abadia beneditina ou cisterciense na França contemporânea. O fato de essa florescente e fervorosa comunidade atrair tantas vocações evidencia eloquentemente o equilíbrio e a integridade de sua observância.

Com efeito, os beneditinos primitivos têm todas as vantagens da austeridade trapista e da discrição beneditina. Situando-se a meio caminho entre a Observância de Solesmes e a de La Trappe, La Pierre-qui-Vire é uma comunidade em que se pode encontrar o silêncio e a pobreza dos trapistas e, ao mesmo tempo, o nível intelectual e estudioso, o bom gosto, o senso dos valores monásticos e litúrgicos que são a nota específica de Solesmes.

É vida cenobítica em que ao monge é permitido gozar da solidão de uma cela. Vida austera, em que o regime é ligeiramente mais benigno do que o dos trapistas, vida, portanto, acessível a quem não pode suportar os rigores da trapa. Há trabalho e sacrifício, contudo o trabalho não é tão árduo nem prolongado de maneira a embotar as faculdades do monge, dificultando-lhe a contemplação.

Em La Pierre-qui-Vire existe também o apostolado da pena e da arte; esse apostolado, no entanto, está integrado na própria vida contemplativa do monge, de maneira que lhe permite nutrir o espírito pelo contato com tudo que há de vivo no presente e no passado. Mantém-no a par dos progressos da arte, das letras e do pensamento sem, todavia, arrastá-lo à voragem das controvérsias e das correntes intelectuais em moda. É bom que o monge possa estar inteligentemente a par do que se passa fora do mosteiro, nos mundos intelectual e artístico, para oferecer, de sua posição vantajosa na solidão, um comentário discreto e cristão.

O monaquismo moderno não tem ignorado a questão, ou, antes, o problema da arte sacra. Em alguns mosteiros, o estudo da arte nada tem produzido a não ser um certo diletantismo piedoso, um ecletismo afetado, que nada contribui para despertar o senso do sagrado, nem o senso da arte. Em La Pierre-qui-Vire não se deu isso; lá foram os monges mais bem-sucedidos. Sentimos que há inegável vitalidade e verdadeira "piedade" nos trabalhos de *L'Atelier du Coeur Meurtry*. Mais do que isso, entretanto; fica-se edificado pela maneira como esse trabalho está enraizado, por assim dizer, na própria rocha sobre a qual se eleva o mosteiro.

Aqui encontramos, em primeiro lugar, um programa de esforço comum baseado numa mentalidade essencialmente medieval, que focaliza toda a atenção *nas coisas a serem feitas e na intenção por que são feitas*, de preferência a colocá-la no artista – e nas emoções subjetivas que sente ao produzi-las. Aqui, como se dava na construção dos mosteiros do século XI e nas catedrais dos séculos XII e XIII, não há propaganda em torno do nome do artista. Ele faz parte de um grupo que trabalha por amor a Deus e às coisas a serem oferecidas para o serviço de Deus, e não para se tornar célebre.

Exige esse programa que a obra de arte seja fruto espontâneo de profunda e prolongada meditação. Deve, também, brotar de pacientes tentativas em que se aprende a conhecer perfeitamente os materiais com que se trabalha. De acordo com essa concepção das coisas, o monge artista é alguém plenamente consciente do que faz, por que faz e daquilo de que se serve para fazê-lo. Fabrica até as próprias cores de que necessita com os minerais encontrados no terreno do mosteiro. Pinta figuras do Verbo Encarnado com tintas provenientes do mesmo solo que ele cultiva com suas mãos. Com toda probabilidade, as figuras estarão destinadas à igreja do próprio mosteiro ou a alguma igreja ou convento da vizinhança.

Os trabalhos produzidos pelo ateliê monástico sem dúvida serão vendidos. O artista, todavia, trabalha como contemplativo, e não como profissional. Como todo verdadeiro artista, o monge que pinta um afresco ou talha uma imagem na madeira pensa, em primeiro lugar, na *justeza*, na bondade intrínseca do que faz, de preferência a querer unicamente agradar ao comprador, a se conformar às exigências teóricas dessa ou daquela escola ou a lisonjear o gosto do público, que, talvez, pouco ou nada se importará com o que é bom ou mau em matéria de arte.

Estamos, aqui, em presença de uma autêntica expressão do espírito beneditino – de um programa em que a arte é um meio de salvação para o artista e aqueles para quem ele trabalha. Os monges, aqui, servem-se das coisas materiais que lhe foram dadas por Deus para louvá-lo com as obras das próprias mãos. A humildade beneditina é preservada pelo senso das limitações do indivíduo e dos materiais que emprega. Não se tenta fazer um material barato parecer custoso. Não se empregam truques. O que é pobre glorificará a Deus pelo esplendor da pobreza.

Zodiaque, revista de arte sacra publicada pelos monges de La Pierre-qui-Vire, encerra em suas perspectivas a escultura românica de Vézelay ou de Autun, a arte primitiva da África e da Polinésia e as modernas experiências de Braque, Leger, Manessier e Bazaine. Mais uma vez, o ponto de vista é profundamente contemplativo. Evitando todas as mistificações das doutrinas acadêmicas, sejam elas piedosas ou estéticas, o olhar do monge se dirige diretamente ao coração espiritual do "sagrado" na arte. Tampouco hesita em desmascarar as pretensões ou as infidelidades das devoções rotineiras.

La Pierre-qui-Vire, coisa bastante curiosa, foi fundado por um padre secular com vocação missionária. Quando Dom Jean Baptiste Muard faleceu em 1854, quatro anos após a fundação do mosteiro, havia ele peregrinado geográfica e espiritualmente por muitos caminhos.

Jovem sacerdote, sonhara fundar uma sociedade missionária que incluiria eremitas e reclusos ao mesmo tempo que pregadores. Aos 39 anos, pensava em amoldar a nova sociedade à Regra de São Francisco. Partiu a pé para a Itália a fim de estudar a vida religiosa. Encontrando-se em Subiaco, foi-lhe permitido viver como eremita nas ruínas de uma das doze primitivas fundações de São Bento, pequena capela no flanco de um penhasco. Resolveu, ali, que a regra de sua projetada fundação seria a de São Bento.

Padre Muard voltou à França e fez seu noviciado no Mosteiro Trapista de Aiguebelle. Adquiriu, em seguida, um lote de terreno num recanto selvagem da Borgonha, coberto por uma floresta: o Morvan. O mosteiro foi construído em plena floresta, sobre uma colina de granito. Dom Muard cogitava ainda torná-lo um centro de atividade missionária e, de fato, os camponeses davam aos monges o nome de "pregadores trapistas". Todavia Dom Muard acabou abandonando esse projeto e, desde então, La Pierre-qui-Vire permaneceu um mosteiro de contemplativos, cuja irradiação apostólica é silenciosa, e de dentro da comunidade se estende ao mundo, agindo mais pelo poder da oração do que pela palavra impressa.

A América do Norte conhecia apenas os beneditinos das grandes Congregações missionárias, que já mencionamos anteriormente, e que tiveram papel considerável na cristianização dos Estados Unidos. Existe, também, no Canadá, um mosteiro da Congregação de Solesmes – Saint Benoît du Lac –, que tem mantido discretamente a nobre tradição litúrgica, estudiosa e gregoriana, que costumamos associar ao nome de Solesmes. Situada em local belíssimo nas florestas da Província de Québec, Saint Benoît du Lac foi por muito tempo o único representante na América do Norte da vida beneditina contemplativa e clausurada.

A primeira aparição do "beneditinismo primitivo" aconteceu no México, quando Dom Gregório Lemercier fundou o Mosteiro da Ressurreição, em Cuernavaca, Morelos. Essa pequena comunidade (excetuando-se o superior) é inteiramente constituída por índios mexicanos; é uma das mais corajosas e notáveis experiências na história monástica moderna. Lutando contra incríveis dificuldades, vivendo em condições das mais primitivas, em real pobreza e simplicidade, inteiramente dependentes, para a subsistência, do trabalho das próprias mãos e da Providência Divina, talvez estejam os monges de Cuernavaca mais próximos de São Bento do que quaisquer outros deste lado do Atlântico.

Em 1950, a Primitiva Observância se estabeleceu nos Estados Unidos. Dom Dâmaso Winzen, fundador de Mount-Saviour, mosteiro situado numa colina coberta de bosques nos arredores de Nova York, fez profissão na Abadia de Marialaach, na Renânia. Formado por Dom Ildefonso Herwegen, bebeu nas mais puras fontes da tradição monástica; estudioso das Escrituras e dos Santos Padres, Dom Dâmaso procurou voltar à primitiva simplicidade de São Bento. Nisso rompeu, até certo ponto, com o ideal de Marialaach, que é primordialmente uma *kulturabtei* – um centro de erudição e de liturgia.

Mount-Saviour é algo de diferente. Dom Dâmaso está tentando voltar ao monaquismo mais antigo e primitivo, em que o monge era pura e simplesmente monge, e não também sacerdote ou clérigo. É sua intenção que haja no mosteiro poucos sacerdotes; não haverá irmãos conversos. A comunidade será constituída na maioria por monges, isto é, religiosos tonsurados que assumiram o encargo de salmodiar o ofício no coro, mas empregaram o resto do tempo no trabalho manual, de preferência ao estudo, à pregação de retiros, às confissões e outras atividades mais próprias à vocação sacerdotal. Evidentemente, acima de tudo será mantido o equilíbrio beneditino entre oração coral, trabalho manual e leitura meditada. Todavia a maioria dos "religiosos do coro" nunca terá que pensar nas tarefas litúrgicas ou pastorais que cabem ao sacerdote.

É, sem dúvida alguma, grande coisa terem vastas comunidades, como Getsêmani, numerosos monges sacerdotes. Contudo há verdadeira necessidade de um gênero particular de vida monástica, como a que foi projetada para Mount-Saviour. Em nenhum outro lugar essa forma de vida pode ser encontrada. Muitos dos que pedem admissão nos mosteiros trapistas desejando serem irmãos conversos estão, na realidade, procurando a pura vida monástica – a vida do monge que não é clérigo. Entretanto a vida de um irmão converso não alcança plenamente esse ideal. Ao mesmo tempo, é fato provado pela experiência que alguns jovens monges não se adaptam ao quadro monástico convencional existente e, uma vez deixado o noviciado para iniciar os estudos clericais, perdem a vocação.

A experiência em curso em Mount-Saviour está claramente destinada a preencher essa séria lacuna na vida monástica contemporânea.

Em Weston, no Estado de Vermont, está situado o segundo mosteiro da Primitiva Observância nos Estados Unidos. Depende do Mosteiro da Dormição, em Jerusalém. Seus membros vivem a vida monástica de simplicidade, trabalho e oração, sem mistério apostólico. Um traço particular desse mosteiro é que a qualquer momento seus membros poderão ser chamados a se transferirem para a Abadia-Mãe, na Terra Santa. O Mosteiro da Dormição é um santuário construído no local em que se crê ter Nossa Senhora "adormecido" no Senhor e repousado na morte, antes da sua Assunção[25].

---

25. Há tempos, em meios católicos do Brasil, lamentava-se a ausência, entre nós, de mosteiros de monges de vida exclusivamente contemplativa, enquanto nos países da Europa e da América do Norte eles são numerosos. Além dos atuais mosteiros beneditinos que, localizados em grandes centros urbanos, exercem grande e bela irradiação espiritual, o Brasil comportaria um mosteiro de monges de vida acentuadamente contemplativa. Nesse intento, a fim de estabelecer tal gênero de vida religiosa, fez-se a fundação do

3 Os cistercienses

Mosteiro de Santa Maria, de Serra Clara, afastado das cidades, em plenas montanhas do sul de Minas Gerais, próximo à cidade de Itajubá.

Um pequeno grupo de monges e alguns candidatos iniciaram, há quase três anos, uma vida monástica mais contemplativa, como se constata em muitos mosteiros beneditinos da Europa, principalmente na França (por ex., Pierre-qui-Vire, Solesmes, Encalcat etc.). Num desejo de atualização procuraram, ao mesmo tempo, não só ajustar essa vida à Regra de São Bento, como também adaptá-la ao nosso tempo e nosso ambiente, a fim de facilitar-lhe o acesso a um maior número de pessoas. Sua observância nada tem de excessivo – é equilibrada pela moderação beneditina e acessível às saúdes médias e comuns. O fundador é Dom Celestino de Barros Morais, OSB, que por mais de dez anos foi Prior do mosteiro de São Bento, no Rio de Janeiro.

Serra Clara se enquadra na orientação das recentes fundações surgidas na Ordem de São Bento: os novos e florescentes mosteiros de Mount-Saviour e de Weston, nos Estados Unidos da América do Norte, os de Cuernavaca e de Mont-Pelé, respectivamente no México e na Martinica, e outros na Europa, Congo Belga e Índia.

Propugnando por uma reestruturação atual da vida monástica, o novo mosteiro procura reafirmar, rejuvenescidos e vivificados no tempo presente, os valores essenciais do monaquismo. Essa afirmação dos valores monásticos dá-lhe característica própria: afastamento do mundo (consequentemente, maiores solidão e silêncio), austeridade de vida (pelo trabalho manual diário) e, acima de tudo, grande dedicação à celebração do ofício divino (com suas horas canônicas destacadas e rezadas ou cantadas, em latim, nas horas que lhes são próprias), e especial aplicação à *lectio divina*. O restabelecimento de tais elementos visa facilitar a realização e salientar, com maior clareza, a função primordial do monge na vida da Igreja: ser homem de oração. Esse encargo, que executa em nome e por mandado da Igreja, constitui a dignidade e a grandeza de sua vida. Ao lado da acentuação dos valores monásticos e litúrgicos, o bom gosto e o cultivo das artes e das ciências terão seu lugar, desde que integrados na vida contemplativa do monge.

Para facilitar a consecução do fim almejado, a Santa Sé concedeu ao novo mosteiro faculdades especiais, entre as quais a de ter, já de início, noviciado próprio, podendo admitir candidatos ao noviciado e à profissão.

Os monges de Serra Clara, desejando realizar uma vocação que Deus lhes mostra no momento presente, têm fé na eficácia da vida monástica e creem que essa fundação haverá de contribuir para a glorificação de Deus, extensão de seu reino e intensificação da vida católica em nosso país [N.T.].

Costumam-se iniciar os comentários sobre a espiritualidade cisterciense de modo um tanto dramático, declarando que, no Domingo de Ramos do ano de 1098, Roberto de Molesmes e seus companheiros deixaram o mosteiro beneditino, onde haviam professado, para se retirarem aos bosques de Cister a fim de seguirem "à letra" a Regra de São Bento. A expressão "à letra" dá início a fortes discussões em que os cistercienses são acusados de farisaísmo, literalismo e fanatismo, ou, então, louvados pela austera integridade. O resultado dessas discussões tem sido sempre obscurecer alguns dos traços característicos do cisterciense.

É certo que os cistercienses queriam voltar à simplicidade e à austeridade da vida beneditina, pois acreditavam que São Bento havia efetivamente codificado o espírito de renúncia e de caridade dos primeiros cristãos. Viam, na Regra de São Bento, a *formula perfectae penitentiae*[26] (a fórmula da perfeita penitência, da perfeita conversão), que permitiria ao monge viver o Evangelho e ser transformado em Cristo.

Basta passar os olhos em qualquer escrito dos Pais de Cister, ou nos primeiros documentos oficiais da Ordem, para ver que a austeridade cisterciense não era considerada como fim, mas como meio de despojar o "velho homem" corrompido pelo pecado, para que fosse renovada a ima-

---

26. Exordium Magnum. Dist. 1, cap. 1. Cf. *Águas de Siloé*. Tradução de Oscar Mendes. Santa Luzia: Itatiaia, 1957. p. 52.

gem de Deus – implantada pelo Criador na alma da criatura – por uma perfeita semelhança a Cristo, na caridade.

Portanto a reforma cisterciense tinha por finalidade restaurar a pura caridade dos primeiros cristãos, por meio de uma vida em comum, simples e austera, em que os monges "pobres com Cristo pobre" – *pauperes cum paupere Christo* –, vivendo com comunidade, partilhando a mesma pobreza e o mesmo trabalho, oração e louvor, atingiriam a união com Deus, amando-se mutuamente como Cristo os amara. Essa vida, assim, era, acima de tudo, profundamente contemplativa, uma vida "no Espírito", e a comunidade monástica era a cidade de Deus a ser construída, sendo seus membros as pedras vivas formando, unidas, uma "morada de Deus no Espírito" (Ef 2,22)[27].

A vida cisterciense é essencialmente de contemplação em comum, em que a humildade, a pobreza e a caridade da vida comum são consideradas, sobretudo, como meios para dispor a alma remotamente à união com Deus na sabedoria mística.

---

27. Esse tema está desenvolvido com a maior nitidez nos sermões de São Bernardo por ocasião da dedicação da igreja de Claraval (Migne PL 183, 517). A igreja visível, construída de pedras, é apenas o sacramento (simbólico) da Igreja verdadeira e invisível, que é a própria comunidade monástica, feita de almas à imagem de Deus, na qual as cerimônias efetuadas pelo Bispo no ato da consagração o são misticamente por Cristo, pela ação do Espírito Santo. A responsabilidade das almas está em cooperar com essa ação, esforçando-se por conseguir a unidade em si mesmas, união com seus irmãos pela caridade e união com Deus, que procura permanecer em toda a plenitude no templo de cada alma e no grande templo construído por todas as almas nele unidas.

Se não tivermos em mente essa essencial harmonia entre a caridade e a contemplação, o verdadeiro sentido do *Exordium Parvum* e outras declarações básicas do espírito cisterciense escapar-nos-ão. É, de fato, facílimo discutir sobre o grau de austeridade preconizada nos primórdios pelos Pais de Cister, perder-se em pormenores minuciosos com relações às vestes, à alimentação e às fontes de renda, e acabar negligenciando completamente o "único necessário" que faz o verdadeiro cisterciense: a caridade contemplativa.

É claro não ser a caridade monopólio de nenhuma Ordem religiosa. É a alma de toda perfeição religiosa. Ao definir a natureza do espírito cisterciense, devemos resolver, no que concerne à caridade, qual a modalidade peculiar ao cisterciense. Vimos que a caridade de uma vida de trabalho e pobreza vivida em comum tem por finalidade preparar a alma do monge à união contemplativa com Deus.

Quais são alguns outros aspectos da vida cisterciense?

De fato, os monges vivem em comunidade, todavia há sempre uma nota dominante de solidão. A comunidade está oculta num lugar deserto, longe do mundo. No *Exordium Parvum* fala-se de Cister como de um eremitério (*eremus*) em contraste com o *cenobium* de Molesmes. Não quer isso dizer que os primeiros Pais de Cister se considerassem eremitas.

Com a possível exceção de São Roberto de Molesmes (que várias vezes se retirou do cenóbio para se tornar eremita), todos os Pais de Cister estavam possuídos de inquebrantável amor à vida comum. Era, contudo, exigência essencial da pobreza e humildade cistercienses ocultar-se da comunidade, vivendo em lugar deserto.

Eis como Isaac de l'Etoile falava a seus monges, em um dos mosteiros mais isolados da Ordem, situado numa ilha do Atlântico:

> Foi por essa razão, meus muito amados, que nós vos conduzimos todos a esta solidão longínqua, árida e pouco atraente; e o fizemos sabiamente, para que pudésseis ser humildes e jamais vos tornar ricos. Sim, aqui, nesta solidão em alto-mar, quase nada havendo de comum com o resto do mundo, privados de toda consolação humana e terrestre, vós vos tornastes inteiramente silenciosos em relação ao mundo. De fato, aqui, olhai para onde quiserdes e vereis que nada mais tendes de terrestre senão esta pobre ilhazinha, última extremidade do mundo[28].

O monge que vive na solidão está fora do alcance de ricos benfeitores, cuja bem-intencionada generosidade estragou outros mosteiros. Está obrigado a trabalhar, e trabalhar com energia para se manter. Vê-se igualmente na obrigação de repartir os frutos do seu trabalho com os demais pobres que o cercam. Ama a pobreza e a solidão, não por si mesmas, mas por causa de Cristo. Vê Cristo presente, misticamente, nos pobres, e procura a união com Cristo, identificando-se com ele na pessoa dos pobres.

---

28. Isaac de l'etoile. Sermão XIV (2º sermão para o IV domingo depois da Epifania), Migne, PL 194-1757.

Partilhar os trabalhos dos pobres, dividindo com eles o fruto dos próprios labores, estabelece o monge algo como uma união mística com o "Cristo pobre". Esse conceito é a chave de toda a teologia cisterciense em relação ao trabalho, por isso é que o cisterciense trabalha com as próprias mãos – não para fazer exercício, ou por amor à agricultura, ou por mero autoaperfeiçoamento ascético.

Isaac continua, dirigindo-se ao Senhor:

> Ó Senhor, aqui há solidão sobre solidão e silêncio sobre silêncio. Pois, para que possamos melhor e mais familiarmente vos falar, somos silenciosos uns para com os outros. Mas, meus irmãos, devemos agradecer a Deus e louvá-lo por sua misericórdia, pois nele colocamos nossa esperança, e a sua misericórdia desceu sobre nós. Dignou-se dar-nos este exílio como um lugar que nos convém, de maneira a estarmos livres para a oração, a leitura e a meditação e, todavia, vemo-nos forçados a trabalhar. Assim, não nos falta a oportunidade de dar algo aos pobres[29].

São Bernardo permite ao cisterciense procurar ocasionalmente a solidão física, separando-se de seus irmãos por amor à oração silenciosa e solitária: "Ó santa alma, permanece só! Guarda-te para Aquele unicamente que, entre todos, escolheste para ti... É-te proveitoso separar-te mesmo fisicamente, quando o podes, sobretudo na hora da oração íntima"[30].

---

29. *Ibid.*

30. *Et corpore interdum non otiose te separas cum opportune potes, praesertim tempore orationis.* Sermo 40. *In: Cantica*, n. 4. Cf. nosso comentário sobre este ponto em *Águas de Siloé*, p. 357s.

Ao dar esse conselho, o abade de Claraval cita o exemplo do próprio Cristo retirando-se da companhia de seus discípulos para orar em solidão na montanha. Todavia, via de regra, a solidão cisterciense não é apreciada simplesmente pelas oportunidades de oração silenciosa e tranquila que oferece. É uma função da pobreza e é, mais ou menos, relativa. A liberdade interior e o recolhimento que o cisterciense procura não lhe vêm do simples fato de retirar-se para ficar só, mas da paciência, da obediência, da mortificação e do trabalho – que fazem parte da vida do pobre.

Não podemos compreender bem os fundadores de Cister se negligenciamos o fato de que tinham mentalidade jurídica, que o senso da lei que lhes era próprio dotava-os de extraordinário espírito prático. Em ninguém, nem mesmo em São Bento, encontramos legislação jurídica tão bem-estruturada como na fundação da Ordem Cisterciense. É, aliás, por esse motivo, que não só foi, no sentido rigoroso do termo, a primeira Ordem religiosa existente, mas a escolhida pelo Papa jurista Inocêncio III para servir de modelo a todas as outras Ordens quanto à sua organização.

O jurista da Ordem foi um inglês, Santo Estêvão Harding, autor do *Exordium Parvum* e redator da Carta da Caridade. Chamo-o de jurista para realçar o fato de que tinha um sentido da *Jus*, da lei e do direito, e não mero conhecimento de prescrições legais.

Estêvão Harding, na realidade, tinha não só instintiva e prudente intuição em relação às exigências da vontade de Deus tal como está expressa nos sagrados cânones, mas também algo raro e realmente admirável: era um místico da lei. Isso quer dizer que ele chegou à síntese quase miraculosa da lei e da caridade, que tinha a capacidade de ver as prescrições dos sagrados cânones inteiramente à luz do Amor que os dita e no qual são realizados. Como disse outro cisterciense, Adão de Perseigne: "A lei é amor que prende e obriga" (*lex est amor qui ligat et obligat*).

O próprio Estêvão Harding, no *Exordium Parvum*, faz notar que os primeiros pais e os papas que haviam estabelecido as normas pelas quais deviam os monges viver do seu trabalho tinham falado como "órgãos do Espírito Santo"[31].

Ao procurar, portanto, restaurar a vida beneditina primitiva, não tentava Estêvão pacificar a consciência pondo sua vida em perfeita conformidade com o código escrito que havia, por voto, prometido adotar como regra de vida. Penetrava muito mais na realidade das coisas – e podemos aqui observar que em lugar algum do *Exordium Parvum* Santo Estêvão emprega o termo "a letra da regra".

Pelo contrário, fala da *rectitudo regulae*, a "integridade da regra" e da *puritas regulae*, a "pureza da regra". Essas palavras encerram não só a letra, mas também o espírito, e indicam que Santo Estêvão havia compreendido como não era a regra simples norma exterior a que

---

31. *Exordium Parvum*, c. 15.

se deviam conformar as ações, e, sim, *vida* que, se vivida, haveria de transformar interiormente o monge. Assim, em lugar de forçar violentamente os monges de Cister a uma aceitação servil da letra da regra tal como se achava escrita, nada mais e nada menos, Santo Estêvão conseguiu uma adaptação da regra às condições de vida do século XII.

De fato, existem muitas coisas que não se encontram na "letra" da regra, mas pertencem à *rectitudo* e à *puritas* dela. Uma delas é a instituição dos irmãos conversos, outra é a exclusão dos meninos-oblatos que viviam no mosteiro, de maneira que os monges não se vissem atados à responsabilidade de educar crianças.

O horário do dia cisterciense variava um pouco do de São Bento, sendo a principal modificação a celebração de uma missa conventual cotidiana e, por vezes, mesmo duas. Estêvão prescreveu igualmente que fosse celebrado o ofício dos defuntos, herança de Cluny. Contudo suprimiu todos os "ofícios menores", ladainhas, procissões e outros acréscimos que tornavam tão longo o ofício de Cluny – e como o próprio Pedro, o Venerável, confessava – tão cheios de tédio.

Os cistercienses preferiram encurtar o ofício, reduzindo-o à simplicidade primitiva, de maneira a dispor de bastante tempo para trabalhar nos campos. Mais uma vez, a liturgia tomou as proporções que convinham a pobres cultivadores do solo.

Em todas as coisas vemos os primeiros cistercienses se preocuparem com a *realidade* da vida monástica. Eram incansáveis na busca do autêntico, do verdadeiro. Estêvão Harding não poupou trabalho nem despesa a fim de enviar dois monges a Metz e a Milão para conseguirem os textos do mais puro canto gregoriano a serem cantados no ofício divino. Ele mesmo se encarregou da revisão da Vulgata, de maneira a se certificar de que os textos estivessem mais corretos.

Sobre essa base sólida, São Bernardo elevou o mais alto edifício místico jamais construído dentro da clausura beneditina. Também haveria ele de falar em "lei"; seria ele, igualmente, um místico da "lei", mas ultrapassando Estêvão Harding, mergulharia o olhar nas profundezas do próprio Deus, descobrindo que também Deus tem uma "lei", que é a sua infinita caridade, sua liberdade, sua generosidade.

Ele compreenderia que essa Lei de Deus entrou no mundo não só criando todas as coisas e implantando-se na natureza delas, mas, sobretudo, pela Encarnação do Verbo, que haveria de remir o homem decaído pela suprema expressão de sua infinita liberdade, pela qual Ele, que era sem pecado, tomou sobre si os pecados dos homens, por puro e gratuito amor, e, por eles, tornou-se "obediente até a morte de cruz" (Fl 2,8).

A lei da divina liberdade, oculta e ativa na pessoa de Cristo, penetrou no mundo do pecado, em que os homens definhavam prisioneiros de outra lei muito diversa, a lei de cupidez e de egoísmo. Cristo ensinou-lhes como se libertarem da escravidão do amor-próprio egoísta e deu-lhes o poder de consegui-lo pela graça que flui da cruz para dentro da livre vontade dos homens, fortalecendo-lhes a liberdade de maneira tal que possam não só evitar o mal e escolher o bem espiritual e eterno, mas tornarem-se semelhantes ao próprio Deus, pela perfeição de um sacrifício de puro amor, que reproduz em suas vidas o Sacrifício da Cruz.

O mosteiro cisterciense é, portanto, aos olhos de Bernardo, uma escola de Cristo. Isso equivale a dizer que é uma escola de amor puro e de perfeita liberdade. É um lugar em que a alma redescobre a nobreza que lhe é própria, sua integridade de filha de Deus, e aprende a exercitar essa liberdade e esse amor para os quais foi criada à imagem e à semelhança daquele que é a própria caridade.

O *Ordo* (Ordem ou Observância) da vida cisterciense aí está como o necessário pedagogo e guardião da alma do monge. Mostra-lhe os limites em que deve confinar suas atividades externas e corporais, de maneira a não se afastar do âmbito de influência do Espírito Santo. Portanto o *Ordo* do cisterciense é abjeção, humildade, pobreza voluntária e obediência; é, também, paz e alegria no Espírito Santo, diz São Bernardo[32]. E continua o santo:

---

32. Epístola 142. I Migne, PL 182, 297.

> Nosso *Ordo*, nossa observância, consiste em estarmos submissos a um Mestre, um Abade, sob uma regra, uma disciplina. Nosso *Ordo* é a prática do silêncio, dos jejuns, das vigílias, das orações; é o trabalho manual. *Mas, acima de tudo, é apegarmo-nos à via, de todas a mais excelente, que é a caridade*, progredir dia a dia em tudo isso e nisso perseverar até o último dia[33].

A fidelidade à austera observância de Cister é a condição que torna o monge capaz de abrir de par em par a alma ao ensinamento interior silencioso de Cristo. Observando a regra e obedecendo ao abade, coloca-se aos pés de Cristo, o único verdadeiro Mestre da vida interior, e se assenta, por assim dizer, na sala de aulas do Espírito Santo – *auditorium Spiritus*. No mosteiro, apenas a presença física não basta para fazer de alguém discípulo de Cristo. Meramente escutar as instruções de um abade, seja ele o próprio São Bernardo, não fará do monge um santo. Tampouco o cumprimento exterior do que prescreve a regra pode conseguir o verdadeiro trabalho da perfeição monástica.

Esse trabalho deve ser realizado na alma do monge pelo Espírito Santo, que só fala aos humildes. Portanto, diz São Bernardo, "aquele que põe sua confiança em qualquer prática religiosa, ou qualquer outra ação meritória, ou sabedoria alguma que não for unicamente a humildade, é não só tolo, mas louco"[34].

---

33. *Ibid.*
34. Sermão 26, PL 182, 610.

São Bernardo é muito prático na ideia que faz da humildade. Não se trata da autocomplacência da alma que se sente perfeita aos olhos de Deus, ainda que desconhecida aos olhos dos homens. Isso seria caricatura da verdadeira humildade, que não pode existir sem compunção, isto é, sem um sentimento ardente de nossa imperfeição. Todavia a verdadeira humildade é, ao mesmo tempo, calma e pacífica. Aceita nossas limitações, não se espanta com a imperfeição e até com o pecado.

O homem orgulhoso admira a si mesmo quando comete uma falta e, porque é orgulhoso, não consegue perdoar-se a menor mancha, pois os orgulhosos em nada se perdoam. Ocultam aos próprios olhos tudo o que não podem suportar em si mesmos e, se não conseguem ocultar, morrem de vergonha.

O homem humilde, como diz São Bernardo, tira proveito de suas fraquezas e pecados. Infringe-se a regra, compreende que: "é bom cair se, pela repreensão de um homem justo, o que cai se levanta, deixando cair ao solo seu pecado. Pois, então, o Senhor se ergue sobre o pecado, calcando-o aos pés e pisando-o para que não ressuscite"[35].

No espírito de São Bernardo, a regra de São Bento deve ser observada, ao mesmo tempo, com generosidade e discrição. O verdadeiro monge não passa por cima de prescrições e observâncias, como se fossem coisas de pouca importância. Se há negligência, corre o risco de perder o senso dos verdadeiros valores espirituais, adquirindo men-

---
35. Sermão 54. *In*: *Cantica*, n. 6. PL 182, 1052.

talidade mundana e materialista e sendo monge apenas de nome. Por outro lado, nem todos os pontos da regra têm igual importância. Deve o monge aprender a distinguir entre uns e outros, pelo "secreto instinto da alma devota e sincera"[36]. Esse "instinto", que é uma intuição prática relacionada com a "sabedoria", ensina ao monge observar cuidadosamente as prescrições mais importantes, sem desprezar as que são menos.

A discrição ensinará ao monge a diferença entre os preceitos e os remédios contidos na regra. Mas não poderá ele ver essa diferença se tudo lhe parece preceito e se imagina ser-lhe possível observar continuamente toda a regra sem por vezes infringi-la por fraqueza ou inadvertência. Esse ponto é importante porque, quando não compreendido, leva o monge ou à ilusão ou ao desespero.

A Regra de São Bento não existe para ser observada como os fariseus observavam a lei mosaica; pelo contrário, está destinada a nos lembrar a nossa fragilidade e nos manter na humildade. Não somos santificados somente pelos preceitos que observamos, mas, ainda, pelos que inadvertidamente infringimos, contanto que nos sirvamos dos remédios que a própria regra nos oferece.

O penetrante olhar ascético de São Bernardo, que era, além de psicólogo, santo, dotado do dom carismático de discernimento dos espíritos, notou a tendência

---

36. *Intimo quodam devoti sincerique animi sapore. De Praecepto et Dispensatione,* c. 7, n. 16. Migne, PL 182, 869.

que certas almas teriam para perverter as austeridades da regra, delas fazendo instrumentos de vaidade farisaica. Esse é o risco profissional que todos os que abraçam a vida monástica têm de aceitar. A tentação não se apresenta sob forma de hipocrisia consciente e óbvia. Manifesta-se, antes, numa ansiedade inconsciente, num espírito de temor e ciúme reprimido, que leva os monges a procurarem segurança e fortaleza nas práticas, nas orações e nas próprias experiências. Para se sentirem seguros em suas observâncias, tendem a diminuir as dos outros.

Esse é o problema que enfrenta São Bernardo no início da *Apologia*, em que lamenta a rivalidade existente entre Cister e Cluny. Se há cistercienses que tentaram menosprezar a observância de Cluny, vendo-a como sendo "mole" e relaxada, devem ser muito lastimados, declara o santo, pois, se dizem tais coisas, demonstram não terem o espírito de monges. E, nesse caso, seus jejuns, suas vigílias, seus trabalhos e sua pobreza não têm valor. Se nos gloriarmos secretamente nessas coisas, como se por si mesmas elas nos tornassem grandes e santos, então estamos implicitamente a realizá-las "de maneira a sermos vistos pelos homens", estamos procurando a glória deste mundo. Merecemos a reprovação de São Paulo, que declarou: "Se nossa esperança em Cristo é somente para esta vida, somos os mais desgraçados de todos os homens" (1Cor 15,19).

Acrescenta São Bernardo um comentário típico:

Não poderíamos ter encontrado para nós um caminho mais agradável para nos levar ao inferno? Se é necessário para nós para lá irmos, por que não escolhermos, ao menos, o caminho largo seguido por tantos e que leva à morte, de maneira a passarmos da alegria à dor em vez de sofrer a vida a caminho do inferno?

E continua: "Ai daqueles que carregam a cruz de Cristo, mas não seguem a Cristo; ai dos que participam de suas dores, mas recusam segui-lo em sua humildade"[37].

Portanto a regra não existe apenas para nos proporcionar oportunidades de realizar ações difíceis e adquirir virtudes fora do comum, mas também e sobretudo para mostrar-nos como utilizar nossas faltas. As austeras observâncias da vida monástica não estão destinadas a nos engrandecer aos nossos próprios olhos e aos olhos dos outros, e, sim, para nos mostrar nossas fraquezas e ensinar-nos a ter compaixão das fragilidades e das limitações alheias. A regra tem por fim verdadeiro não nos encobrir a realidade e impedir o contato com nossos irmãos, e, sim, abrir-nos os olhos para descobrir a fraqueza e a impotência universal do homem e fazer-nos ver a necessidade que temos uns dos outros e da misericórdia de Deus.

Assim, a humildade beneditina ensinará ao monge a não ocultar suas fragilidades debaixo de um exterior rígido e meticuloso, mas a utilizar-se delas como meios de chegar à união com Deus pela humildade e pela compaixão e, sobretudo, por uma fé sempre crescente na divina misericórdia. Essa é a razão pela qual São Bento, depois de haver enumerado todos os "instrumentos das boas

---

37. *Apologia*, c. 1, n. 2, PL 182, 899.

obras" que o monge deve utilizar na oficina ascética do mosteiro, dá o último e, por assim dizer, o mais importante lugar à confiança em Deus – *de Dei misericordia numquam desperare*.

Na linguagem do ascetismo medieval, o reconhecimento clarividente e a aceitação madura de nossas próprias limitações chama-se "compunção". A compunção é uma graça espiritual, um grande conhecimento das profundezas de nossa alma, que, num relance, penetra pelas ilusões que temos sobre nós mesmos, põe de lado e varre as dissimulações e os sonhos vãos que alimentamos a respeito de nossa pessoa, de maneira a nos vermos como somos. Mas é, ao mesmo tempo, um movimento de amor e de liberdade, uma libertação da falsidade, uma aceitação alegre e cheia de gratidão da verdade, com a resolução de vivermos em contato com a realidade profunda e espiritual que se abre diante de nós: a realidade da vontade de Deus em nossa vida.

O monge, então, deseja reconhecer suas limitações e procura aceitar o fato de suas faltas, com uma compunção tão ardente que o purifica de seus pecados. A compunção pode, realmente, ser uma graça mística, um fogo que "é o próprio Deus que consome, mas não aflige. Queima com suavidade, produz uma deliciosa desolação. Age ao mesmo tempo como fogo sobre nossos vícios e como unguento sobre as feridas de nossa alma"[38].

---

38. Santa Regra, cap. 4.

São Bernardo conclui que essa mística perfeição de humildade é o sinal da presença e da ação do Cristo purificando interiormente a alma do monge. "Quando experimentares este poder que te transforma por completo e o amor que te faz arder, compreende, o Senhor está presente em teu coração"[39].

O fruto da humildade e da compunção é a paz interior que nada mais é senão o desabrochar do nosso verdadeiro "eu" tal qual somos em Cristo. Estabelece-nos numa fé sólida, faz-nos criar raízes, não no terreno movediço de nossas próprias qualidades e talentos, mas no solo profundo e sólido da misericórdia de Cristo. Então, como diz São Bernardo, "Quando a alma encontrou em si a verdade, ou antes, se encontrou na verdade, pode dizer: Creio, eis por que falei"[40].

Essa é a perfeição do que São Bernardo chama de "disciplina" – é o início da vida interior. Sem disciplina e humildade não pode o monge crescer e tornar-se espiritualmente maduro. Não pode conquistar a etapa em que aprende a viver em paz consigo mesmo e com os outros. Ainda menos pode alcançar a suprema e imperturbável tranquilidade da oração mística.

Aqui, temos de notar que, teoricamente, é possível a todos os monges chegar à união mística com Deus; contudo bem sabe São Bernardo que, na prática, muitos permanecerão fixados nos graus menos elevados da

---

39. Sermão 57. *In*: *Cantica,* n. 7, PL 183, 1053.
40. *De Gradibus Humilitatis,* n. 15, PL 182, 949.

vida espiritual. Cada qual deve permanecer onde pode encontrar a paz. Alguns só encontram paz nos trabalhos ativos da penitência. Outros acham-na na obediência e no escondimento da vida comum. Há, ainda, os que só estão em paz quando servindo ao próximo em obras de misericórdia. A diferença que existe entre esses estados depende não apenas da escolha e dos esforços do indivíduo, mas do chamado especial de Deus[41].

Alguns receberão graças de contemplação para si somente; outros serão repletos de sabedoria para si e para os outros. Esses serão revestidos, então, de alguma função carismática na comunidade, aconselhando e guiando seus irmãos nos caminhos da união divina. Poucos, todavia, são chamados a esse estado, pois poucos têm simultaneamente a necessária discrição e a sabedoria contemplativa.

Poucos (diz São Bernardo) são úteis como superiores e menos ainda são humildes superiores. Para ser, ao mesmo tempo, útil e humilde, é necessário ter conquistado essa mãe das virtudes, a discrição, e estar igualmente inebriado com o vinho da caridade, a ponto de desprezar a própria glória e esquecer-se totalmente de si mesmo, sem nunca procurar o próprio interesse (de preferência, ao dos outros). Isso é algo que só se pode alcançar pela ação especial e extraordinária do Espírito Santo no celei-

---

41. *Non omnibus in uno loco frui datur grata et secreta Sponsi praesentia, sed ut cuique paratum esta a Patre ipsius. Non enim nos eum elegimus, sed ipse elegit nos, et posuit nos, et ubi quisque positus est, ibi est. Sermão 23. In: Cantica*, n. 9. PL 183, 889.

ro do vinho da contemplação. Sem o fervor da caridade, a virtude de discrição é mole e inútil, enquanto o fervor veemente e indiscreto leva à ruína[42].

O misticismo cisterciense é plenamente realístico. Não é uma procura de experiências subjetivas exaltadas, mas uma procura de Cristo. Quer encontrá-lo na fé e o acha em sua misericórdia; conhece-o na caridade perfeita. A vida cisterciense é uma tentativa de aprofundamento da teologia do Evangelho e da Epístola de São João, que declarou: "Quem ama nasce de Deus e conhece a Deus. Quem não ama não conhece a Deus, porque Deus é amor" (1Jo 4,7-8). E Jesus disse: "Este é o meu mandamento, que vos ameis uns aos outros como eu vos amei... Aquele que tem meus mandamentos e os observa, esse me ama. Aquele que me ama será amado por meu Pai, e eu o amarei também e me manifestarei a ele" (Jo 15,12.14.21).

Seja ou não chamado ao secreto êxtase da união mística, todo monge cisterciense está convidado ao "banquete nupcial" da caridade perfeita. Segundo São Bernardo, tudo isso se encontra simbolizado e prefigurado nas Bodas de Caná, que é protótipo da vida cristã, em especial da vida dos monges. Enchemos as urnas d'água para "purificação" quando somos fiéis às austeras observâncias da Ordem: silêncio, jejuns, vigílias, salmodia, trabalho manual e pureza ascética do coração[43]. Então o

---

42. *Ibid.*, n. 8, col. 888.
43. Sermão 55. *De Diversis.*

próprio Cristo vem e, pela ação do Espírito Santo, transforma a água da nossa observância em vinho de caridade, ardendo nossos corações de compaixão, transportando-nos de alegria espiritual à medida que começamos a descobrir Cristo no próximo.

Mas as núpcias são, na verdade, as de Cristo e da Igreja. Cada um de nós está convidado individualmente às "núpcias místicas" que nos unem a Cristo, e também como grupo, como Igreja, pois declara Bernardo:

> Somos, de fato, a esposa – nós, que formamos, todos unidos, uma só esposa, já que as almas de cada um de nós são, por assim dizer, uma esposa. A perfeição desse matrimônio espiritual consiste em amar a Cristo como Ele nos amou. *Qui perfecte diligit, nupsit*[44].

O fato de que Cristo deseja ardentemente essa união, esses esponsais com sua Igreja, de que Ele desceu do céu e morreu na cruz para torná-la sua esposa mística, é a razão da vocação à vida cisterciense. A vida cisterciense é uma constante purificação de amor, tanto no indivíduo como na comunidade, a fim de que Cristo possa encontrar na Terra aquele amor livre de egoísmo que reflete a alegria e a pureza do céu.

A devoção cisterciense ao Verbo Encarnado e à Bem-aventurada Virgem Maria nos é revelada nesses textos. Jesus é a Palavra que se fez carne e que se tornou acessível às nossas mentes e aos nossos corações de carne, uma vez que, sem a encarnação e a cruz, jamais poderíamos

---

44. Sermão 2 para o 1º domingo depois da Epifania, n. 2. PL 183, 158.

compreender a caridade incomensurável de Deus para com os homens.

O amor a Cristo feito homem, todavia, é apenas o início de uma ascensão que nele descobre o Verbo consubstancial ao Pai, Cabeça de Seu Corpo Místico, a Igreja. Maria é a fonte de compaixão, de graça, que se mantém, silenciosa e invisível, no meio da comunidade cisterciense, como fizera outrora nas Bodas de Caná, suplicando ao Senhor ter piedade de nós quando o vinho do espírito, o vinho da compaixão, da caridade e da fé vem a faltar.

Foi necessário nos estendermos um tanto ao expor essas noções teológicas. Sem elas, a vida cisterciense ficaria de todo sem sentido. Se não nos recordarmos de que o cisterciense vem ao mosteiro antes de tudo à procura de Cristo e para imitar e produzir em sua própria vida a perfeita caridade de Cristo, seus jejuns, seus trabalhos, sua pobreza e sua solidão nada mais serão do que proezas ascéticas, que poderemos ou não admirar, conforme nossas disposições. Mas, acima de tudo, se o próprio monge desconhecer a razão de sua vocação, não pode encontrar em sua vida monástica a paz que lhe foi prometida ao entrar no mosteiro, pois a paz da vida monástica não tem por base feitos ascéticos ou místicos, e, sim, a fé na misericórdia de Deus, o esquecimento de si na compaixão por nossos irmãos e amor puro ao Pai, em união à caridade de Cristo.

É evidente que essas coisas não são peculiares aos cistercienses. São próprias à vocação monástica e comuns a qualquer cristão. Contudo a razão básica da vida cisterciense vivida em comum é purificar o monge do egoísmo, da maneira mais completa e efetiva. Portanto torna-se claro que o ascetismo da vida em comum é um instrumento de equilíbrio delicado que só dá frutos quando manejado com certa dose de respeito. E esse respeito não pode existir num coração empedernido.

A vida comum não santifica criaturas que se deixaram transformar em máquina. Devem permanecer homens e reter certa afeição, uns para com os outros, para poderem praticar a caridade. Devem se interessar uns pelos outros, respeitando, ao mesmo tempo, as mais íntimas necessidades da alma de seus irmãos. Têm de aprender a manifestar compaixão em relação a eles sem por isso serem indiscretos, a ajudá-los sem serem importunos e a sustentar os fracos com o necessário tato, que evita a oficiosidade e o paternalismo. O verdadeiro cisterciense é alguém que não só sabe quando deve calar e como calar, mas também quando e como falar, quando demonstrar simpatia e de que maneira fazê-lo.

Até aqui tratamos do aspecto interior da vida cisterciense. Que dizer, porém, do aspecto externo e da estrutura material? Que fazem os monges? Como vivem?

Os cistercienses procuram simplesmente manterem-se o mais possível próximos do plano primitivo idealizado por São Bento. Levantam-se de madrugada (às

2h ou às 2h15) e iniciam logo o canto das Vigílias (ou Matinas), seguido de meia hora de meditação e do ofício das Laudes. Vem, então, um longo período, de uma hora e meia ou duas horas, em que todos se dedicam à *Lectio Divina* (leitura meditada).

Ao raiar da aurora, os que são sacerdotes celebram, cada qual, a missa, e os clérigos e irmãos leigos recebem a comunhão. O ofício da Prima, cantado às 6h15, é precedido de um ligeiro desjejum de café com pão. Vem em seguida o Capítulo, em que, cotidianamente, os monges reunidos ouvem uma exortação espiritual do abade e se acusam das faltas externas cometidas contra a Santa Regra.

Após o Capítulo há outro período de *Lectio Divina*, seguido do canto do ofício da Terça e da missa conventual, sempre cantada na íntegra. Duas horas de trabalho manual pela manhã e mais duas, ou duas e meia, à tarde, ocupam os monges nos campos, nas oficinas. O trabalho intelectual não é de uso no mosteiro trapista. O almoço vem depois do ofício da Sexta, às 11h30.

Todos sabem como é restrito o regime do trapista. Só aos doentes é servido carne, peixe ou ovos. Os outros se contentam com leite, queijo e legumes. Mas, se os trapistas não comem carne ou peixes, têm, pelo menos, a reputação de fabricarem excelentes queijos e ótimo pão. Muitos mosteiros na América do Norte vendem pão e queijo ao público em geral, dessa maneira conseguindo amplamente se sustentarem.

O dia laborioso do trapista termina à tardinha, quando o monge volta novamente à leitura, cantando em seguida as Vésperas e Completas antes de se recolher, com os passarinhos, às 19h.

O programa supracitado do dia cisterciense-trapista difere ligeiramente do que era outrora. O Capítulo Geral de 1954 reduziu o número de orações vocais recitadas em comum. O ofício parvo da Bem-aventurada Virgem Maria, que era cantado no coro cotidianamente, como o ofício canônico, foi suprimido, cantando-se em seu lugar, antes de cada hora canônica, uma antífona seguida de uma coleta. A não ser essa modificação, o horário é, de maneira geral, o mesmo de antes, havendo agora um pouco mais de tempo para a *Lectio Divina*.

As tradicionais austeridades dos trapistas também passaram por algumas mudanças nos últimos anos, tendo sido um tanto moderadas; não houve, todavia, mitigação alguma. É agora permitido tomar leite e comer queijo mesmo durante a Quaresma (antes eram proibidos), e foram acrescentados quinze minutos ao sono do monge.

De modo geral, o dia do trapista permanece árduo, com bastante trabalho pesado e longas horas no coro. O quadro monástico é de grande simplicidade e pobreza, pouca atenção é dada ao conforto físico. Os monges são submetidos a severa lei de silêncio. Nunca lhes é permitido conversar entre si; falam só aos superiores e apenas quando se apresenta alguma necessidade. Raramente deixam o mosteiro e, por vezes, passam anos ou mesmo a vida toda sem jamais verem a cidadezinha mais próxima. Jornais e rádios não são admitidos no mosteiro e só notícias espaçadas e fragmentárias do que se passa no mundo chegam aos ouvidos dos monges.

O monge cisterciense é capaz de se contentar com a ausência de muitas coisas que outros consideram realmente necessárias. Sua felicidade não é por isso diminuída. Pelo contrário, esses mosteiros silenciosos já são conhecidos como sendo habitados por homens verdadeiramente felizes. A vida é, sem dúvida, difícil, contudo a fé e o espírito de sacrifício que a tornam possível enchem o coração do monge com uma paz que o mundo não pode dar.

A verdadeira provação da vida cisterciense é psicológica e interior. Por essa razão não se deve animar os que têm um sistema nervoso fraco ou tendências neuróticas a ingressar num mosteiro trapista. Para viver bem-integrado num silencioso claustro cisterciense é necessário ter bastante maturidade para encarar os problemas reais da vida interior ao invés de procurar fugir deles ou disfarçá-los. Tais problemas são resolvidos na treva da fé, no silêncio da verdadeira humildade e na pobreza de espírito, que aceita de boa vontade ser despojada da autocomplacência e se sente feliz quando nada vê em si de admirável.

Todos sabem que a vida severa dos cistercienses trapistas tem atraído numerosas vocações nos Estados Unidos; sem exagero, pode-se dizer que nem todos os que ingressaram nos mosteiros cistercienses sabiam bem o que procuravam e que muitos não encontraram exatamente o que desejavam. Os que pensavam querer uma vida de sacrifícios, talvez encontraram sacrifícios que não esperavam. Os que desejavam viver na simplicidade e na caridade do Evangelho acharam a oportunidade de realizar o que procuravam.

Atualmente, a família cisterciense está dividida em dois grandes grupos. Os cistercienses da Estrita Observância, ou trapistas, formam uma ordem religiosa unificada e homogênea. Todos observam os mesmos usos e costumes. Os cistercienses da Comum Observância são um grupo de congregações seguindo diferentes observâncias e costumes.

Um dos mais interessantes mosteiros pertencentes hoje à Comum Observância é a antiga Abadia de Boquen, na Bretanha, ressuscitada em 1936 por Dom Alexis Presse.

Intelectual estudioso e amante da austeridade, possuindo a alma tenaz e enérgica de bretão, Dom Alexis começou a viver como eremita nas ruínas dessa velha abadia perdida na solidão, longe dos caminhos transitados. Quando o funcionário dos Correios da aldeia mais próxima encontrou em seu saco uma carta endereçada à Abadia de Boquen, pensou ser vítima de alguma pilhéria. Mas em breve a presença de Dom Alexis se fez notar. Juntaram-se a ele alguns companheiros e começaram a reconstruir o mosteiro, que estava em ruínas.

Hoje, Boquen é o centro da mais severa e austera observância cisterciense. Suprimiu todas as adaptações, severas ou suaves, que haviam sido acrescentadas aos "usos" cistercienses desde o século XII. A partir de Boquen, a Comum Observância apresenta uma variedade, em escala descendente, de todas as interpretações imagináveis da vida cisterciense. Uma das experiências mais satisfatórias é, sem dúvida, a observância seguida no mosteiro suíço de Hauterive, onde, no espírito primitivo de Cister e com o autêntico equilíbrio do horário cisterciense, vive-se a vida contemplativa sem excessiva austeridade, mas em solidão e em paz.

As grandes abadias da Comum Observância encontram-se na Baviera, na Áustria e na Suíça. A Hungria, igualmente, antes da invasão comunista, era um dos baluartes da Comum Observância Cisterciense. O principal mosteiro da Sagrada Ordem Cisterciense, nos Estados Unidos, é de fundação húngara, originário da Abadia de Zirc; é o Priorado de Spring Bank, no Estado de Wisconsin[45].

A rápida expansão dos cistercienses da Estrita Observância nos Estados Unidos, nos últimos vinte anos, é um fenômeno raro e importante na história monástica. Ainda não chegou a hora de calcularmos a amplidão desse movimento. Quantitativamente, já ultrapassou o

---

45 No Brasil, da Sagrada Ordem dos Cistercienses (da Comum Observância) existem monges nas Arquidioceses de São Salvador, da Bahia, e de Botucatu, e na Diocese de Sorocaba. Existe também um mosteiro de monjas cistercienses na Arquidiocese de Botucatu [N.T.].

ponto culminante. A história monástica, todavia, não é composta de números e estatísticas, tudo depende da qualidade espiritual do que permanece.

Tem havido centenas de vocações nas grandes abadias americanas de Getsêmani e de Spencer e em suas mais importantes fundações. Dessas centenas, como era de se esperar, mais da metade não permaneceu no mosteiro. Mas a geração dos que perseveraram está agora alcançando a maturidade religiosa e apta a tomar parte ativa nos destinos monásticos dos Estados Unidos.

Continuam as fundações: a Abadia de Nossa Senhora do Vale, em Rhode Island, destruída pelo fogo em 1950, mudou-se para Spencer, no Estado de Massachusetts, instalando-se num novo, belo e vasto mosteiro. Nossa Senhora de Guadalupe, fundado no Estado do Novo México, em 1947, mudou-se para o Estado de Oregon, que oferecia melhores condições, em 1955. A Abadia de Getsêmani fundou, em 1949, um mosteiro no Estado da Carolina do Sul, numa grande fazenda doada por Henry R. Luce e sua esposa, Clare Booth Luce. Esse mosteiro de Mepkin é um dos mais tranquilos e belos da Ordem. Pequeno ainda e praticamente desconhecido, segue pacificamente o caminho de uma fundação cisterciense que não se mostra muito apressada em tornar-se enorme.

Outra nova fundação de Getsêmani, no Vale de Genessee, Estado de Nova York, é o Mosteiro de Nossa Senhora do Genessee, que está dando provas de ser notável em muitos pontos. É uma comunidade jovem, cheia de energia e zelo. A mais recente fundação de Getsêmani foi a da Califórnia, em julho de 1955. Nossa Senhora de Nova Claraval está situada no Vale de Sacramento, na Vina Ranch, lugar bem-conhecido, testemunha de importantes acontecimentos na história da Califórnia do Norte desde os tempos da corrida do ouro. Ao ser entregue ao prelo este livro, chegaram-nos notícias de que a Abadia de Spencer fez ainda uma fundação em Snow Mass, no Estado de Colorado[46].

Os outros mosteiros trapistas, nos Estados Unidos, estão situados nos estados de Iowa, Georgia, Utah, Missouri e Virgínia. Em Wrentham, no Estado de Massachusetts, foi fundado recentemente um mosteiro de monjas trapistinas.

---

46. Em 1958, a Abadia de Spencer fez uma fundação na Argentina, perto da cidade de Azul, não longe de Buenos Aires, numa grande estância doada pelo Señor Pablo Acosta e sua esposa, Señora Carmen Acosta. Chama-se Nuestra Señora de los Angeles.

III
A vida eremítica

1 Os cartuxos

Rigorosamente falando, os cartuxos não são e nunca foram considerados um ramo da família beneditina. São Bruno, fundador da Grande Cartuxa, passou algum tempo num priorado dependente da Abadia Beneditina de Molesmes, quando estudava sua vocação. Todavia os discípulos que levou para a solidão, num ermo dos Alpes, ao norte da cidade de Grenoble, estavam destinados a serem eremitas no sentido estrito da palavra, que haveriam de ressuscitar algo da esquecida pureza da vida contemplativa tal como fora outrora vivida nos desertos do Egito.

Há, contudo, vários traços característicos dos cartuxos que os colocam muito próximos do espírito de São Bento. De fato, os cartuxos, embora insistindo, talvez mais do que quaisquer outros na Igreja do Ocidente, sobre o silêncio e a solidão, têm sempre vivido como eremitas, mas *em comunidade*. Os escritores da Ordem frisam as vantagens da vida dos cartuxos, que une o que há de bom na solidão eremítica e na vida comum.

Lanspergius, por exemplo, diz o seguinte:

> Entre os cartuxos existem as duas vidas, eremítica e cenobítica, e estão bem-equilibradas pelo Espírito Santo, que aquilo que numa ou noutra poderia apresentar algum perigo deixa de existir, se bem que

> perseverando e desenvolvendo os elementos que favorecem a perfeição. Na solidão, tal como se encontra na cartuxa, não há perigo, pois os monges não vivem de acordo com os próprios caprichos; estão sob a lei da obediência e a direção dos responsáveis. Embora estejam sós, podem, contudo, receber, sempre que necessitam, assistência e estímulo. São, entretanto, anacoretas, de modo que, se observarem fielmente o silêncio, vivem em suas celas como se estivessem no fundo de um deserto inabitado... A solidão dos cartuxos é muito mais segura e tão completa quanto a dos primeiros anacoretas[47].

Como prescreve a regra de São Bento, os cartuxos dividem seu tempo entre trabalho manual, canto do ofício divino e leitura espiritual ou estudo. O espírito da cartuxa é inteiramente o de São Bento, em sua simplicidade, humildade e aliança de austeridade e discrição.

Dizer isso significa que encontramos nos cartuxos a mesma autêntica tradição monástica que em São Bento, e embora haja diferenças marcantes quanto às modalidades, entre as duas Ordens, nenhum estudo sobre o monaquismo ocidental estaria completo se não fizessem alusão aos cartuxos.

Aliás, a Igreja tem sempre considerado, e às vezes abertamente declarado, que a Ordem dos Cartuxos é a única Ordem Monástica a ter preservado fielmente o verdadeiro ideal do monaquismo, em toda a sua perfeição, durante séculos, enquanto outras Ordens caíram em decadência. O fato de que os cartuxos jamais necessitaram

---

47. Lanspergius. *Enchiridion,* 49.

de uma reforma já se tornou proverbial. *Cartusia numquam reformata quia numquam deformata* – "A cartuxa nunca foi reformada porque nunca se viu deformada".

Os louvores entusiásticos com que Pio XI cumulou a Ordem ao aprovar, em 1924, as novas Constituições, são um caso único, sem igual em nenhum outro documento no gênero. A vida solitária foi declarada pelo Papa Pio XI "a forma de vida mais santa", *sanctissimum vitae genus*. E disse dos cartuxos:

> Nem seria preciso dizer a grande esperança e expectativa que os monges cartuxos nos inspiram, uma vez que observam a regra de sua Ordem não apenas corretamente, mas também com ardor generoso, e que essa regra conduz facilmente os que a seguem ao mais alto grau de santidade; é impossível que esses religiosos não se tornem e permaneçam os mais poderosos intercessores junto de nosso Deus misericordiosíssimo, em nome de toda a cristandade.

Os cartuxos, portanto, ocupam lugar de especial eminência entre as Ordens Monásticas, não só por causa da perfeição intrínseca de sua regra de vida, mas por causa da extraordinária fidelidade da Ordem a essa regra.

Mas o que há de particular no modo de vida dos cartuxos?

Embora permanecendo dentro do quadro tradicional monástico, a vida do cartuxo se passa quase inteiramente na solidão da cela monacal. A cartuxa é uma unidade bastante compacta para merecer o nome de mosteiro, de preferência ao de eremitério. Os monges, contudo, vivem em eremitérios.

Na realidade, cada cela é uma pequenina casa. Todas elas são unidas entre si por um claustro comum. O aspecto que oferece habitualmente uma cartuxa é o de uma pequena e bem-ordenada aldeia, com a igreja e um conjunto de vastos edifícios numa das extremidades, e uma série de pequenos telhados compactamente agrupados em volta do grande claustro retangular. Cada cela tem seu próprio jardinzinho clausurado e o monge não vê nem ouve o que se passa na cela vizinha. Vive, de fato, em solidão.

Sua pequena casa é relativamente espaçosa. No andar térreo há um depósito de lenha e uma oficina, onde o monge exerce seu ofício, caso o tenha; uma varanda coberta, onde pode movimentar-se quando a altura da neve o impede de sair – o que acontece com frequência, uma vez que a cartuxa é construída de preferência nas montanhas. No andar superior, estaríamos inclinados a pensar que o cartuxo tem mais cômodos do que necessita. Uma delas, chamada *Ave-Maria*, quase não é utilizada; é uma espécie de antecâmara à verdadeira cela onde o monge passa a maior parte do tempo. Mas, por um costume antigo e encantador, essa antecâmara dedicada à Virgem Mãe de Deus e contendo sua imagem é um lugar em que o monge se detém para orar em suas idas e vindas ao entrar e sair da cela. O misticismo cartusiano considera a vida em solidão do monge como oculta no Coração da Virgem Mãe.

A "cela" propriamente dita é composta de um quarto e de uma sala de estar com duas alcovas: uma é o oratório, a outra, o lugar de estudo. Na primeira, o monge se ajoelha para a meditação ou recita as horas diurnas do ofício canônico, com todas as cerimônias que os cartuxos observam quando juntos no coro. Na outra está colocada sua mesa de trabalho e estante de livros; a Bíblia, um ou dois exemplares dos padres da Igreja, algum livro de teologia ou de espiritualidade da sua preferência: Ruysbroeck, talvez, ou *São João da Cruz* ou a *Imitação de Cristo*.

Ao lado deles, podem ser encontrados outros de qualquer assunto imaginável, se o monge tem algum interesse especial ou sente necessidade de uma leitura mais leve, contanto que seja sério e possa razoavelmente enquadrar-se, de qualquer forma, na sua vida de contemplação. Não é necessário que o monge fique inteiramente confinado nos limites da piedade convencional.

Nesse recinto central, o cartuxo estuda, medita, repousa, faz suas refeições e recita boa parte do ofício diurno e outras orações prescritas. Geralmente, deixa a cela só três vezes nas vinte e quatro horas do dia.

Após breve sono de quatro horas, levanta-se mais ou menos às 22h30 e, recitadas algumas orações preliminares na própria cela, dirige-se ao coro, no qual, com os outros monges, canta o longo e lento ofício das Vigílias.

Pio XI louva o coro dos cartuxos como, aliás, tudo mais nessa Ordem, e nos dá uma imagem dos monges cantando em tons viris e solenes, *voce viva et rotunda*, sem acompanhamento de órgão. Outros relatos descrevem a salmodia cartusiana como se assemelhando, de certo modo a uma lamentação.

Às vezes, visitantes beneditinos e cistercienses deixam cair um comentário no sentido de que "os cartuxos nunca têm ensaios de canto – isso perturbaria a solidão deles", o que indicaria não ser do agrado desses visitantes a maneira de salmodiar na cartuxa. Seja qual for o valor desses diferentes pontos de vista, os cartuxos nunca esconderam a preferência que têm pela solidão acima de tudo e consideram a alegria de um belo canto como um luxo demasiadamente dispendioso se tiver de ser adquirido pelo preço de ensaios e outras distrações próprias ao *cenobium!*

Após as Vigílias, cantadas por um espaço de duas a três horas cada noite, volta o cartuxo à cela para completar o repouso interrompido. Nas primeiras horas do dia, levanta-se para recitar a Prima na cela, indo em seguida à igreja monástica para cantar a missa conventual. Se for sacerdote, celebrará sua missa em uma capela lateral da igreja; se não for, servirá como acólito numa das missas celebradas e receberá a santa comunhão. Retira-se depois novamente à cela, onde passa o resto do dia até as Vésperas, quando, pela última vez, cantará o ofício no coro, o que ocorre no meio da tarde.

Em suma, o cartuxo passa dezenove ou vinte horas do dia dentro dos limites de sua pequenina habitação e jardim, a ninguém vendo e não falando senão a Deus.

É claro que pode haver exceções. Pode o monge estar encarregado de um ofício ou ter um encargo que o obrigue a falar de vez em quando. Pode receber alguma visita ocasionalmente. Uma vez por semana há um passeio a pé, de três horas (*spatiamentum*) – no campo nos arredores da cartuxa, do qual todos devem participar. Nesses passeios, os monges não só fazem o necessário exercício, mas conversam uns com os outros, e a conversa, embora elevada, não é forçosamente lúgubre ou sem graça. Em outras palavras, é uma interrupção necessária à solidão dos monges. Por ocasião de certas festas, os cartuxos cantam todas as horas do ofício, juntos, no coro, e tomam a refeição do meio-dia em comum no refeitório. Há, igualmente, um sermão pregado (em latim) a toda a comunidade reunida na sala do Capítulo.

Claro está que a vida cartusiana se caracteriza pela singular importância dada à solidão e ao silêncio, insistindo com o máximo empenho nesse ponto. Todas as Ordens Monásticas reconhecem que o monge deve viver, em certo sentido, na solidão com Deus. Os cartuxos seguem essa obrigação o mais literalmente possível. Embora concordando com São Bento em "que nada deve ser preferido à obra de Deus" (o ofício divino), interpretam-no de maneira caracteristicamente eremítica.

Por muito tempo, não tinham os cartuxos missa conventual e aos sacerdotes da Ordem raramente era permitido celebrar a missa porque o silêncio e a solidão da cela eram considerados como mais importantes até do que a missa. Dificilmente compreendemos tal atitude em nossos dias; devemos, todavia, lembrar-nos de que o cartuxo, mesmo se sacerdote, é sempre e primariamente um solitário. A função principal do cartuxo na Igreja não é tanto celebrar os mistérios da liturgia como viver, em silêncio e solidão, o mistério da vida da Igreja "oculta com Cristo em Deus" (Cl 3,3). Nos primórdios da Ordem, quando essas restrições estavam em vigor, a ideia de "rezar missa", ao que parece, sempre implicava celebrar a missa na presença dos fiéis.

Pela vida que levam, pode-se facilmente deduzir qual o espírito dos cartuxos. É um espírito de solidão, silêncio, simplicidade, austeridade, em companhia de Deus só. O rigor com que o cartuxo se afasta do mundo tem por finalidade purificar-lhe o coração de todas as paixões e distrações que, necessariamente, afligem os que se acham envolvidos nos negócios do século – ou mesmo na vida atarefada e relativamente complicada de um mosteiro de cenobitas. Toda a legislação que há séculos cerca o cartuxo como muro impenetrável está destinada a proteger-lhe a solidão, mesmo contra os empreendimentos louváveis e aparentemente razoáveis que tantas vezes tendem a corromper a pureza da vida monástica.

Os cartuxos, por exemplo, sempre foram inflexíveis em recusar as dignidades, distinções, provas de agrado e atenções que lhes poderiam vir da Igreja. Enquanto os beneditinos e cistercienses se mostram, com razão, felizes em ver seus abades revestidos da dignidade pontifical e do poder de celebrar a missa com toda a pompa de um Bispo, os cartuxos têm persistido em recusar tais favores. E, até, jamais quiseram permitir que suas casas fossem elevadas à categoria de abadias, precisamente para evitar as consequências que daí poderiam derivar.

Para não atrair a atenção e evitar multidões de visitantes e postulantes, sempre quiseram seus mosteiros pequenos e obscuros. Toda forma de publicidade é-lhes extremamente desagradável. Se a Ordem é proclamada como a mais perfeita que existe na Igreja, essa declaração não vem dos próprios cartuxos, mas de outros.

Os monges cartuxos nunca deram muita importância à aparente santidade de seus membros. Sempre acharam mais importante *ser* santo do que *ser chamado de santo* – outro ponto em que concordam com São Bento[48]. Portanto nunca tomaram providências para conseguirem a canonização de seus santos. Nem mesmo têm um *Menologium* ou catálogo particular dos mais santos membros da Ordem.

Quando um monge de santidade excepcional morre, a mais alta honra que recebe publicamente na Ordem é o seguinte comentário lacônico: ***laudabiliter vixit***, o que se pode traduzir em linguagem comum "Andou direito". Enfim, o monge cartuxo nem mesmo tem um túmulo marcado com seu nome. Repousa no cemitério sob uma simples cruz anônima e desaparece no esquecimento.

Os cartuxos jamais encorajaram forma alguma de trabalho que os pusesse de novo em contato com o mundo. Não pregam retiros, não dirigem paróquias e quando, em certa época, adquiriram fama como diretores espirituais, seus superiores intervieram para pôr um ponto-final.

---

48. Os cartuxos têm um adágio: *Non sanctos patefacere sed multos sanctos facere.* "Fazer santos, não fazer propaganda deles". E São Bento diz ao monge que "não deseje ser chamado santo, mas deseje sê-lo" (Santa Regra, cap. IV).

O único trabalho do monge cartuxo que poderia talvez granjear-lhe alguma fama é o de escritor. Desde os primórdios, os cartuxos se dedicaram à cópia de manuscritos e à composição de livros. Todavia ainda há, aqui, importantes distinções a fazer.

O maior escritor da Ordem, o lacônico Guigo, amigo de São Bernardo, durante séculos foi praticamente o único escritor cartuxo. Suas "meditações" são simplesmente aforismos, que formam um pequeno volume de poucas páginas. Mais tarde, escritores como Dionísio de Ryckel mostraram-se muito menos reservados. Contudo, quando consideramos os quarenta e tantos volumes de Dionísio o Cartuxo, temos a impressão de que, para ele, escrever representava o mesmo que para os primeiros solitários o tecer cestos – uma ação mecânica, que o mantinha ocupado, sem referência alguma a um público de leitores cheios de admiração.

Dionísio tinha facilidade para escrever sobre qualquer assunto, de certo modo como uma dona de casa piedosa é capaz de tricotar um agasalho ou um par de meias. Sente-se que, uma vez escrito o livro, ficava absolutamente indiferente quanto à sua sorte, e teria ficado da mesma forma satisfeito tanto em vê-lo queimado como impresso. Esse mesmo espírito parece ter inspirado todos os numerosos escritores cartuxos, cujos nomes nos foram conservados pela história e cujas obras ou desapareceram ou existem apenas manuscritas. São desconhecidos e nunca foram lidos, pela simples razão de que, em realidade, jamais escreveram para que os lessem. Trabalharam como os Padres do Deserto de que nos fala Cassiano; estes, no fim do ano, queimavam todos os cestos que haviam tecido e recomeçavam a tecer outros.

Em uma palavra, os cartuxos jamais pensaram que a perfeição da vida espiritual e a verdadeira pureza de coração pudessem ser conservadas meramente pelo que se costuma chamar "a prática da solidão interior". Os antigos "costumes" da Ordem, as *consuetudines*, escritas no século XII pelo Prior Guigo, da Grande Cartuxa, terminam com um belo panegírico sobre a solidão – solidão física[49]. Aí, podemos ler que em lugar algum pode o monge descobrir, como na verdadeira solidão, a doçura oculta dos salmos, o valor do estudo e da leitura, o intenso fervor na oração, o delicado senso das realidades espirituais na meditação, o êxtase da contemplação e as lágrimas purificadoras da compunção. O escopo da solidão cartusiana acha-se nessas palavras e em seu contexto.

Como todo monge, o cartuxo é filho e discípulo dos antigos profetas, de Moisés, de Elias, de João Batista e do próprio Jesus, que se entregou ao jejum no deserto e passou noites em oração solitária no monte. A solidão do cartuxo tem por finalidade colocar a alma em estado de silêncio e receptividade, para que se abram as profundezas espirituais à ação do Espírito Santo, que faz conhecer os mistérios do reino de Deus e nos ensina as insondáveis riquezas do amor e da sabedoria de Cristo.

---

49. *Consuetudines Guigonis*, c. 80, PL 153, 758.

Ao comentar esse capítulo de Guigo, Dom Inocêncio Lemasson o resume e define o espírito cartusiano nos seguintes termos:

> [...] os princípios da vida cartusiana são a quietude (*quies*) ou o repouso dos desejos e das coisas terrestres, a *solidão* que nos afasta da companhia dos homens e da vista das vaidades mundanas, o *silêncio* que impede de falar inutilmente e a *procura das realidades sobrenaturais* (*superiorum appetitio*), isto é, a busca e o gozo das coisas sobrenaturais. Todo outro assunto é posto de lado por Guigo nesse texto, porque considera tudo mais acidental à verdadeira substância da vocação cartusiana, que consiste na obediência oferecida na quietude, no silêncio e na solidão[50].

Desde o início, os cartuxos compreenderam ser essa vocação muito pouco comum e que a vida cartusiana jamais seria "popular" ou bem-compreendida. No mesmo comentário supracitado, Dom Lemasson declara que só Deus pode fazer monges ou eremitas e que as iniciativas humanas para aumentar o número de vocações cartusianas apenas terminariam na ruína da Ordem. De fato, entre todas as Ordens, a dos cartuxos sempre se mostrou a mais exigente na admissão de candidatos, baseando-se na realidade de que "muitos são chamados à fé, pouquíssimos, porém, estão predestinados a ser cartuxos"[51].

Assim, em comparação com as outras Ordens, pode essa atitude dos cartuxos ter parecido ser exclusivismo e esnobismo, mas, na verdade, a grande prudência com

---

50. Comentário sobre as *Consuetudines*, c. 80, PL 153, 756.

51. Dom Lemasson, *op. cit.*, col. 759.

que sempre agiram nessa matéria é uma das principais razões pelas quais a Ordem nunca precisou ser reformada.

Se, detendo-nos um momento, observarmos mais de perto essa graça singular dos cartuxos, veremos que ela não pode ser explicada meramente na base de uma exata fidelidade às Constituições e aos princípios estabelecidos pelos fundadores. É verdade que os cartuxos têm sido extremamente leais ao ideal que professaram e à tradição de seus maiores, mas a simples fidelidade a uma regra pode, por sua vez, acabar deformando e até destruindo a vida para que a regra foi escrita, se não for constantemente sustentada pelo espírito interior que a inspirou.

Os cartuxos foram preservados não só pela rígida disciplina externa que observam, mas também pela flexibilidade interior que a tem acompanhado. Foram salvos não apenas por uma vontade humana apegada firmemente a uma lei, mas, sobretudo, pela humildade de corações entregues ao Espírito que inspirou a lei. Considerando os cartuxos exteriormente, poder-se-ia ser tentado a imaginá-los orgulhosos. Quando, no entanto, chega-se a conhecê-los e à sua vida um pouco melhor, compreende-se que só uma grande humildade permite suportar a solidão cartusiana sem ficar louco.

A solidão da cartuxa sempre terá efeito lamentável sobre o orgulhoso que procura ficar só consigo mesmo. Um tal orgulhoso cairá em esquizofrenia no silêncio ininterrupto da cela cartusiana. Em todo caso, é verdade que a grande tentação de todos os solitários é algo muito pior do que o orgulho. É a loucura, que fica além do orgulho, e o solitário deve saber como manter o *sense of humour* e o equilíbrio necessários. Só a humildade pode dar-lhe essa paz. Ele encontra sua força na fortaleza da humildade de Cristo, que é, ao mesmo tempo, a verdade de Cristo; o monge pode, então, enfrentar a solidão sem procurar apoiar-se em hábitos de espírito inconscientes, mágicos ou iluminísticos.

Em outras palavras, pode suportar a purificação operada pela solidão que, vagarosa e inexoravelmente, faz a separação entre fé e ilusão. Pode aguentar o terrível exame que lhe despoja a alma das vaidades, dos subterfúgios e enganos, e aceitar pacificamente o fato de que, quando as falsas ideias que tem de si mesmo houverem desaparecido, ficará praticamente sem nada, porém estará, então, pronto para o encontro com a realidade: a Verdade e a Santidade de Deus, que tem de aprender a enfrentar nas profundezas do seu próprio nada.

Portanto, o que encontramos na cartuxa não é uma coleção de grandes místicos e homens de dons espirituais estonteantes, e, sim, almas simples e rudes, cujo misticismo está inteiramente absorvido por uma fé demasiadamente grande e simples para visões. Os dons mais espetaculares ficaram para espíritos inferiores, que se movem no mundo da ação.

Quando os cartuxos desembarcaram pela primeira vez nos Estados Unidos, em 1951, podia-se dizer com razão que a Igreja nesse país atingira a maioridade. A fundação cartusiana em Whitingham, no Estado de Vermont, ainda se encontra na fase experimental. É uma época de tão primitiva simplicidade que não podemos deixar de sentir que seus fundadores recordar-se-ão com muita felicidade nos anos futuros.

Ainda não existe propriamente uma cartuxa em Whitingham. Há uma pequena fazenda isolada, com o nome de *Sky Farm*[52], onde se hospedam postulantes e hóspedes. Mais longe, situados nos bosques, acha-se um grupo de quatro barracões – são as celas. Estão construídas no provável sítio da futura cartuxa e nada têm do acabamento e da segurança da verdadeira casa cartusiana. Ali, os eremitas vivem em paz, observando a regra austera da Ordem, com apenas as modificações exigidas pela natureza provisória de sua habitação.

Entretanto, de vez em quando, alguns postulantes se apresentam, e após alguns meses de provação são enviados à Europa para fazerem o noviciado. Nos últimos quatro anos todos, praticamente, não conseguiram satisfazer às exigências da vida cartusiana, não suportaram as asperezas do frio, do jejum e da solidão no glacial silêncio do inverno alpino. Uma ou outra vez, todavia, um sobrevivente chega a pronunciar os votos e se torna cartuxo.

A pedra angular da comunidade americana é um dos fundadores de Whitingham, antigo beneditino professor de Psiquiatria na Universidade Católica em Washington. Dom Thomas Verner Moore seguiu para a Espanha em

---
52. Fazenda do Céu [N.T.].

1948, sendo recebido na Cartuxa de Miraflores, perto de Burgos. Sem a menor dúvida, tem sido ele um dos guias e animadores da fundação nos Estados Unidos.

Nesse país a cartuxa terá de enfrentar as grandes tentações que a mentalidade da América do Norte oferece às Ordens Monásticas: publicidade, tecnologia, popularidade, comercialismo, máquinas e o terrível impulso de tudo lançar ao mar em favor da celebridade e da prosperidade (disfarçados em "apostolado do exemplo"). Sente-se, contudo, que os cartuxos estão equipados, como nenhuma outra Ordem para resistir a esse assalto do mundo contra o espírito monástico. Nos Estados Unidos, toda a estrutura monástica dependerá, talvez, de que o façam com êxito.

2 Os camaldulenses

Tudo que dissemos até aqui faz ressaltar o fato de que a vida monástica é, sobretudo, uma vida de paz e fecundidade espiritual profundas, que nos dá, mesmo aqui na Terra, um antegozo da paz do céu. Entretanto chegamos também a compreender que a paz da vida monástica não é uma paz material, um estado de confortável inércia que nos é garantido pela ausência de toda a preocupação e de toda a responsabilidade.

Falando dessa paz que satisfaz antes o corpo do que a alma, Cristo disse que viera trazer "não a paz, mas a espada" (Mt 10,34). A paz do monge é proporcionada ao seu desapego das coisas deste mundo, desapego que exige luta obstinada. A *Pax monastica* não é a paz daquele que vê seus desejos e necessidades terrestres resolvidos de maneira satisfatória, mas de alguém que, até certo ponto, tornou-se independente das coisas materiais porque concentrou toda a sua vida na procura do Reino de Deus. Está livre, na liberdade dos filhos de Deus. A paz de que goza não é deste mundo. Está escondida com Cristo em Deus.

A vida monástica será tanto mais oculta quanto mais for humilde, solitária e pobre. O espírito monástico é, sobretudo, um espírito de solidão, de separação do mundo. Por natureza, o eremita está afastado do ministério apostólico da pregação, bem como do episcopado e das dignidades que o colocariam em vista. Se é, como os Apóstolos, "um espetáculo para os anjos e os homens", só pode sê-lo como um exemplo de pobreza que o mundo tende a rejeitar sem compreender. Consequentemente, cada monge aspira, em seu coração, por uma solidão cada vez maior, na humildade e na pobreza. Se as disposições da Divina Providência o ocupam por algum tempo em tarefa que o coloque diante do público, sabe que essa disposição é puramente acidental, e que a essência de sua vocação permanece a mesma: um chamado à solidão e à autorrenúncia; um chamado ao deserto.

Em sua profunda sabedoria, São Bento compreendeu que nem todos os homens poderiam seguir-lhe o exemplo, passando sem transição da vida das cidades turbulentas aos vales rochosos dos desertos. Nem todos os homens são capazes de viver em solidão nas cavernas. E não é necessário viver na fenda de uma rocha para se tornar um santo monge.

Ao escrever uma regra para cenobitas, em que toda a ênfase foi colocada nas virtudes de humildade e obediência e o espírito do deserto tornado acessível a todos, São Bento conseguiu transplantar o ideal monástico dos desertos do Egito ao solo da Europa. E não só isso. Ele assegurou, ainda, a sobrevivência permanente do ideal da solidão do deserto. Se o fez, foi porque temperou algumas das austeridades dos eremitas da Tebaida e suavizou prudentemente os rigores do cenobismo pacomiano[53]. O mosteiro beneditino é essencialmente uma família, não uma unidade militar, embora o próprio São Bento não tema empregar ocasionalmente alguma metáfora de sabor militar.

Todavia nunca devemos supor, como às vezes se crê, que, ao adaptar prudentemente as observâncias dos monges egípcios às necessidades dos europeus, São Bento tenha, de modo algum, repudiado o ideal monástico primitivo.

Pelo contrário, a *raison d'être*[54] dessa adaptação deve ser procurada no próprio ideal que buscou conservar. A

---

53. São Pacômio (292-346) foi quem criou, no Egito, propriamente, o cenobitismo. A Regra de São Pacômio estava baseada numa forte disciplina com organização de tipo militar [N.T.].

54. Em francês, no original [N.T.].

Regra de São Bento, que tantas vezes cita verbalmente certas tradições do monaquismo e que se apoia fortemente em Cassiano, o vulgarizador dessa forma de monaquismo, está escrita para monges que devem viver da pura tradição antiga, recebida em linha direta.

O monge que faz voto de obediência à Regra de São Bento é, por isso mesmo, verdadeiro descendente de Santo Antão do deserto, bem como de São Pacômio e de São Basílio. Entra na vida monástica como cenobita, sim, todavia nada há, na natureza profunda de sua vocação, que exclua sincera admiração pelos antigos eremitas ou o impeça de desejar participar de algum modo da contemplação de Deus na solidão, que era a vida deles.

Pelo contrário, se o monge cortasse todos os laços espirituais que o ligam aos Padres do Deserto, estaria simplesmente se separando da fonte inicial mais pura do espírito monástico que professa. Haveria, assim, de privar-se do alimento substancial que o próprio São Bento viu ser necessário à sua alma. Contudo, para que esse alimento lhe seja proveitoso, deve fazer o que fez São Bento, e distinguir o que é essencial na vida monástica (o espírito de renúncia para procurar a Deus) do que é acidental (mortificações corporais extraordinárias e prática de ascetismo extremo).

O fato de que São Bento considera os cenobitas como a "raça mais forte" (*fortissimum genus*) entre os monges não significa que ele exclua ou tenha em pouca conta os anacoretas. Ao contrário, como representantes da tradição autêntica nessa matéria, considera normal que alguns monges, depois de longo tempo de provação no cenóbio, desejem retirar-se à solidão, e que lhes seja dada a permissão de fazê-lo. Essa orientação implícita da Regra de São Bento para a solidão eremítica, que é tantas vezes negada ou a que não se dá importância, conduz-nos ao ponto em que devemos considerar com mais pormenores o ramo eremítico da família beneditina.

Um dos mais antigos e veneráveis ramos brotados do velho tronco beneditino é a Ordem dos Camaldulenses. Essa Ordem tem por finalidade expressa oferecer um refúgio à vida puramente contemplativa na solidão. Nascida do intenso renascimento monástico que empolgou a Europa nos séculos X e XI, foi fundada por São Romualdo num dos altos vales dos Apeninos, perto de Arezzo, em 1012.

De índole inteiramente singular, no monaquismo ocidental contemporâneo, a ermida camaldulense apresenta o aspecto de uma antiga *laura* – aldeia de celas separadas umas das outras em volta da igreja. Diferindo da cartuxa, cujas celas são contíguas e dão para um claustro comum, a Ordem Camaldulense insiste ciosamente em que as celas estejam separadas umas das outras por uma distância de pelo menos sete a dez metros.

Os eremitas vivem, leem, comem, dormem e meditam em suas celas; reúnem-se, porém, na igreja para as horas canônicas. O silêncio e a solidão, essenciais à vida contemplativa verdadeira, não são, aqui, mera questão de "espírito" e de "ideal", pertencendo, de fato, à letra da regra. Os camaldulenses, como os cartuxos, compreendem que o "silêncio interior" e a "solidão interior" não bastam, por si sós, para garantir uma vida puramente contemplativa. O silêncio interior pode muito bem ser o refúgio do monge engajado numa vida mais ou menos ativa que procura a Deus em momentos de recolhimento. Mas o melhor meio de conquistar o silêncio interior é guardar silêncio exterior, e a melhor maneira de possuir a solidão interior não é de se encontrar no meio de uma multidão, e, sim, de estar pura e simplesmente só.

A finalidade dessa solidão é de tornar o monge apto a viver a sós com Deus, numa atmosfera propícia à oração interior profunda. Nunca houve, na tradição cristã, a menor dúvida sobre o fato de que a atmosfera mais propícia à verdadeira contemplação fosse a solidão da cela do eremita. A oração em comum e a oração litúrgica têm, na realidade, importância na vida da Igreja e na vida do monge; todavia, em si mesmas, não satisfazem à necessidade profunda de contato íntimo com Deus na oração solitária, necessidade essa que constitui a vocação especial da alma contemplativa. A oração litúrgica nos dispõe de maneira remota para a graça da contemplação, e esse dom de Deus, como todos os outros, é dado às almas como um transbordamento das riquezas infinitas do Pai, a nós concedidas em Cristo, no Santo Sacrifício da missa. Contudo a verdadeira fruição desse dom especial não é geralmente possível se nossa comunhão eucarística não for de algum modo um prolongado silêncio e uma adoração solitária. Toda a vida do eremita é vida de adoração silenciosa. A própria solidão em que vive o mantém sempre na presença de Deus se for fiel à graça de seu estado de ocultamento.

O dia todo do eremita, no silêncio da cela que o abriga ou no jardim onde trabalha nas proximidades da floresta, é uma prolongada comunhão. Mesmo em dias passados, em que a comunhão era menos frequente, a vida do eremita não podia deixar de ser senão uma Eucaristia em sentido lato: vida de louvor e ação de graças pelos dons de Deus – vida nutrida pela consciência viva e constante da grande realidade de Deus e de sua ação no mundo, em Cristo.

São Pedro Damião, considerado, com razão, pelos camaldulenses como um dos grandes expoentes e testemunhas da Ordem, estava possuído pela consciência profunda do lugar que o eremita ocupa na unidade do Corpo Místico de Cristo. Diz, de fato, que a unidade da Igreja, em que as almas de todos os fiéis são fundidas em um só ser pelo fogo da divina caridade, está igualmente presente em cada alma, de modo que, onde estiver um membro de Cristo, o Cristo total está presente nesse membro.

A Igreja de Cristo está de tal maneira unida em seus membros, em comunhão de caridade uns com os outros, que em muitos ela é una e em cada um está misteriosamente presente como um todo. Assim, a Igreja toda é com razão chamada Esposa de Cristo, e cada alma, em virtude do mistério desse sacramento, é em verdade considerada como sendo a Igreja total[55].

O santo esclarece essa afirmação comparando a unidade de Cristo em seu Corpo Místico com a unidade que tem em seu Corpo Sacramentado. Assim como em todos os altares do mundo existe um só Corpo de Cristo e um só cálice contendo seu Precioso Sangue, assim o Cristo total está presente em cada membro da Igreja. É em virtude desses princípios que São Pedro Damião demonstra como o sacerdote eremita, ao recitar o ofício divino na solidão, em seu oratório perdido nas montanhas, pode, e em realidade deve, dizer *Dominus vobiscum* e responder a si mesmo *Et cum spiritu tuo*. A Igreja toda se acha presente na cela em que ele está só.

O fato de que essa integração mística no Cristo total se veja aumentada pela solidão é a justificativa teológica da vida eremítica. E a alegria do eremita, em sua vocação de pura solidão e renúncia, é como um rio caudaloso que escoa pelos canais secretos da comunhão dos santos para alegrar a cidade de Deus e fortalecer os braços dos que combatem e trabalham para Deus no burburinho das praças das cidades distantes.

Esse acentuado senso de união em Cristo é igualmente a base do espírito "eucarístico" do eremita e fonte principal de sua ação de graças. Embora possa haver, na

---

55. *Liber qui dicitur Dominus vobiscum*, c. 5.

solidão em que vive, momentos de terrível escuridão e isolamento, e o sentimento da própria indigência e do fato de estar só, diante de Deus, possa crescer com o correr dos anos, o eremita jamais perde o senso da profunda solidariedade sobrenatural de que desfruta com todo o Corpo Místico de Cristo. E por que haveria de perder? O eremita não é como o apóstolo, o pregador ou o missionário, tantas vezes desorientado, sem ver claro na confusão que o envolve continuamente. O monge solitário poderá, por dom de Deus, chegar à compreensão profunda de que está presente, por suas orações e pela caridade que o anima, nos corações de homens que nunca verá neste mundo. Terá obscuramente a segurança da fecundidade de seu apostolado oculto, que é tanto mais eficaz por ser única e integralmente sobrenatural – produto puro da virtude teologal e da oração inspirada pelo Espírito Santo.

Uma das características particulares à Ordem Camaldulense é a de poder até ser permitida ao monge tornar-se um recluso. Cinco anos após a profissão solene, um eremita que tenha as qualidades requeridas, e bem experimentado, pode obter a licença de viver inteiramente só e incomunicável numa cela, sem nunca se reunir aos demais na igreja ou em outras reuniões comuns, a não ser três vezes ao ano: na festa de São Martinho (11 de novembro), no domingo da Quinquagésima – dias de recreio que precedem um período de jejum monástico – e nos três últimos dias da Semana

Santa. Fora disso, os reclusos podem permanecer todo o tempo na própria cela, em seu jardim clausurado, celebrar missa em seu oratório particular se são sacerdotes, sem nunca se comunicar com os outros eremitas por palavras faladas ou escritas sem especial permissão.

Ao ouvir o sino que marca as horas canônicas, recitam-nas na própria cela, acrescentando às orações comuns cinquenta salmos, e consagram à meditação o dobro do tempo empregado pelos outros. Mas, de modo geral, o número de orações e práticas prescritas não é aumentado desde que se presuma ser o recluso um solitário maduro, capaz de corresponder, na solidão, às inspirações da graça divina, entregando-se à conduta do Espírito Santo, numa vida de santa liberdade, sujeita, é claro, ao controle de um sábio diretor e sob a obediência do Prior.

A vantagem particular de tal vida é que torna possível uma existência de pura contemplação, em solidão e simplicidade, sem formalismo nem prescrições rígidas, inflexíveis e pormenorizadas, contudo, protegida pela assistência espiritual e pela obediência religiosa. O eremita e o recluso, sendo verdadeiros filhos de São Bento e vivendo sob uma autêntica interpretação da Santa Regra, nunca estão isentos, em princípio, da obediência que os mantém em contato direto com a ação santificante e formadora exercida por Cristo, mediante a hierarquia da sua Igreja.

A união com os representantes visíveis de Cristo não faz senão fortalecer a ação espiritual interior do Espírito Santo, que leva avante seu trabalho na alma do eremita, com liberdade tanto maior quanto os obstáculos à sua ação se veem removidos pela virtude da obediência. Por outro lado, o Prior, ele próprio eremita e homem de Deus, sabe como exercer a autoridade de maneira a encorajar a livre correspondência de cada alma ao chamado particular de Deus.

Às vezes, os fundadores da Ordem dos Camaldulenses e São Pedro Damião são tachados de excessiva severidade, que vai muito além dos limites da discrição beneditina. É verdade que os primeiros eremitas camaldulenses procuraram reproduzir, nas celas ocultas que habitavam, mais do que a solidão e a contemplação dos Padres do Deserto. Amavam imensamente a austeridade, e a energia com que praticavam penitências corporais pode parecer-nos desordenadamente violenta. Era, todavia, uma energia típica daqueles tempos. Entretanto esse excessivo rigor não é essencial ao gênero de vida dos camaldulenses.

Para se poder avaliar o verdadeiro espírito da Ordem devemos ler não só os escritos de São Pedro Damião ou a vida de São Romualdo, mas também as Constituições escritas pelo bem-aventurado Rodolfo; somente elas podem dar-nos uma ideia mais completa da vida e do espírito camaldulense.

Vemos, então, uma observância austera, não, porém, extrema. Está, pelo contrário, marcada por um espírito notável de discrição e largueza de vistas. Numa época que produziu muitos monumentos de legislação monástica, essas Constituições são um dos documentos mais admiráveis e, ao mesmo tempo, menos conhecidos. Merecem, certamente, lugar de destaque ao lado das *Consuetudines* de Guigo o Cartuxo, ou dos "usos" de Cister.

Mais antigas do que eles, é de índole menos estritamente jurídica. Muitos capítulos são de caráter puramente ascético. Outros são de natureza teológica. O conjunto produz um efeito de equilíbrio são e de bom senso sobrenatural. Reflete, ao mesmo tempo, o verdadeiro espírito do Evangelho de Cristo e a sabedoria dos maiores entre os Padres do Deserto que, longe de serem extremistas, faziam-se notar, sobretudo, pela prudência, em contraste singular com o zelo imoderado de seus contemporâneos menos iluminados. As Constituições do bem-aventurado Rodolfo tratam não só do eremitério dos camaldulenses, mas também do mosteiro dos cenobitas, que deve estar situado nas proximidades e servir de ponto de contato com o mundo exterior.

Presentemente, os camaldulenses conservam esse duplo sistema de comunidades eremítica e cenobítica. O mosteiro dos cenobitas recebe e forma os noviços destinados ao eremitério. Cuida dos hóspedes e alimenta os pobres. Fornece víveres e outras coisas necessárias ao eremitério, e recebe os eremitas enfermos necessitados de cuidados médicos.

Não se deve crer, todavia, que os camaldulenses têm uma vocação dividida e que possam escolher entre a vida eremítica e a cenobítica. O mosteiro dos cenobitas é de grande utilidade e é necessário haver, ali, alguns monges, para prover o trabalho e manter em Ordem o movimento. Contudo o camaldulense só é cenobita acidentalmente, por necessidade; é sempre, por escolha, eremita. A vida solitária é a verdadeira essência da sua vocação e nenhum monge deve permanecer mais de três anos consecutivos fora do eremitério.

O eremitério tem todas as maiores vantagens da vida comum. É, sobretudo, baseado em sólido fundamento jurídico, que protege os eremitas contra a instabilidade da natureza humana, providencia para que não lhe falte assistência espiritual e apoio, sem, contudo, interferir na liberdade de espírito, sem o que a verdadeira vida contemplativa não teria possibilidade de se desenvolver.

Ao mesmo tempo, a estrutura dos costumes e da obediência monástica permanece o que é: nada mais do que uma estrutura. Dentro dessas linhas gerais, o eremita tem de tomar em mãos sua própria vida e realizar virilmente, em silêncio e solidão, a tarefa que Deus lhe destinou. Isso de modo algum pode ser feito sem grande energia, perseverança e coragem, fé profunda e verdadeira maturidade espiritual.

Quando São Bento denominou o cenobitismo o ramo mais "forte" da família monástica, queria significar ser o cenobitismo mais forte como *instituição* e que seus membros podem nele encontrar fortaleza e apoio especiais, na presença e na vida da comunidade. Falando de modo ideal, a vida eremítica de modo algum é uma instituição. É uma vida vivida em solidão com Deus, sob a luz e a inspiração dele só. A Ordem dos Camaldulenses, fiel ao espírito de São Bento, torna esse ideal extraordinário mais acessível, fornecendo o essencial da estrutura própria a uma instituição.

Todavia, em última análise, a fortaleza do eremita não deve ser procurada em regra alguma ou em qualquer obediência ou direção imposta de fora. Deve ser um daqueles seres raros, fortes, de uma consistência interior espiritual toda própria e que o torna capaz de viver em solidão sem o estímulo do exemplo ou o temor das críticas. Não é fácil para alguém viver constantemente num alto nível de inteligência quando é visto somente por Deus. Para isso é necessário ter grande fé e força de caráter.

O eremita camaldulense pode, entretanto, contar com essa fortaleza interior, pois pertence à grande família beneditina e é formado pelo espírito e pela tradição viva do maior dos monges. Daí ser sua vida simples e forte, como raízes profundas na Igreja. Temos até a impressão de que a austeridade primitiva da solidão da Ordem Camaldulense muito agradaria a São Bento se ele vivesse hoje. Sem dúvida, não seria exagerado dizer que o pai dos monges do Ocidente sentir-se-ia mais à vontade na simplicidade dum eremitério montanhês do que em muitos dos mosteiros maiores e mais esplendorosos das cidades situadas nas planícies.

Em qualquer vida religiosa, o espírito tem infinitamente maior importância do que a letra. Mas quanto mais solitária se torna uma vida, tanto mais importante é o espírito da regra do que a letra que a define. Ora, a vida eremítica é quase exclusivamente espírito. Por isso a letra da regra é geralmente de extrema simplicidade.

Os costumes primitivos dos camaldulenses, a que já nos referimos, não constituem exceção, razão pela qual são extremamente adaptáveis a todos os lugares (contanto que sejam lugares solitários) e a todos os tempos. O que é acessório ou acidental mostra-se claramente pelo que é e é facilmente observável que nada de essencial falta a esse gênero de vida quando sofre certas modificações, como a diminuição de grande quantidade de orações vocais recitadas nos primórdios, a mitigação do rigoroso jejum e uma discreta moderação da quase contínua flagelação corporal praticada no século XI.

O escopo principal da vida camaldulense é a união com Deus na oração solitária, no silêncio da cela. Tudo está ordenado a esse fim. Tudo que o eremita faz deve favorecer a *puritas cordis*, que torna a união contemplativa possível. Os dois grandes meios para atingir essa finalidade são o silêncio e a meditação. Ambos, diz o bem-aventurado Rodolfo, são de importância vital. Um nada vale sem o outro.

> Pois o silêncio sem a meditação é morte, é como um homem enterrado vivo. Mas a meditação sem o silêncio é pura frustração – é como o debater-se de um homem enterrado vivo num sepulcro. A união de si-

lêncio e meditação, entretanto, proporciona grande repouso à alma e leva à perfeição da contemplação[56].

O silêncio exigido para essa meditação interior é, em primeiro lugar, silêncio da língua, o silêncio do corpo e o silêncio, enfim, do coração. A língua renuncia ao falar supérfluo ou perverso. O corpo fica silencioso quando abandona ações inúteis ou nocivas. O coração está silencioso quando purificado de pensamentos vãos ou maus. De que, em verdade, adianta guardar o silêncio da língua se um tumulto de vícios provoca uma tempestade nas ações e no espírito?

A finalidade do silêncio do eremita não é apenas negativa. Tem força positiva e construtiva na vida de oração. É, em verdade, uma das melhores e mais eficazes armas ascéticas porque é realmente uma das mais positivas. O silêncio constrói a vida de oração que, como o Templo de Salomão, deve elevar-se sem o ruído de nenhum instrumento de trabalho. "A casa do Senhor se edifica em silêncio sagrado e um templo que jamais se desmoronará se constrói sem ruído". E continua o legislador: "Se fores tranquilo e humilde não temerás o que a carne te possa fazer. Pois onde o Divino Hóspede repousa em paz, o sedutor não pode prevalecer". É na alma silenciosa que a sabedoria estabelece para sempre a sua morada (*In silenti, et quiescenti vel meditanti anima permanet sapientia*)[57].

---

56. *Constitutiones*, c. 44.
57. *Ibid.*

Assim como Santo Antão, no deserto, colocava a discrição antes de qualquer virtude, considerando-a mãe de todas elas, da mesma forma o eremita camaldulense há de aprender a viver num espírito de sobriedade e moderação. A *sobrietas* a que aqui fazemos alusão é demasiadamente grande para caber nos estreitos limites duma categoria escolástica. Passa além das linhas de demarcação da temperança e inclui a prudência, a justiça e a fortaleza. Como a humildade beneditina é, realmente, um organismo integrado de bons hábitos que governa e ordena todos os atos do eremita, orientando-os ao verdadeiro fim. Portanto a sobriedade do eremita camaldulense não só modera as paixões corporais, mas igualmente as da alma, servindo-lhe de guia em tudo, no caminho da simplicidade e da sabedoria.

De fato, a sobriedade não só refreia a gula, mas também o zelo desordenado em jejuar. Ela nos ensina não apenas a guardar silêncio, mas a falar no momento devido. Não só incita o eremita à coragem nas vigílias e orações noturnas, mas tempera, igualmente, o zelo pela penitência e lhe dita quando convém repousar. Em suma, a sobriedade é uma virtude (isto é, uma força: *virtus*) pela qual "contemos as paixões da carne sem destruirmos a natureza".

> Pois devemos eliminar os desejos carnais que lutam contra a alma, não, porém, os órgãos dos sentidos que lhe são úteis. Vivendo neste mundo sobriamente, na piedade e na justiça, haveremos, pela sobriedade, de cuidar de nós mesmos; pela justiça, auxiliaremos nossos irmãos e, pela piedade, serviremos a Deus[58].

---

58. *Constitutiones*, 41.

Essa alusão ao auxílio a prestar ao próximo nos lembra que a caridade fraterna de modo algum está excluída da vida eremítica. Não pode sê-lo. São Basílio não tinha plenamente razão ao declarar que ao eremita falta a oportunidade de praticar a importantíssima virtude da caridade. O eremita sempre reconheceu a obrigação que lhe cabe de prestar assistência ao irmão – obrigação essa que consiste não somente em rezar pelo próximo, mas também em executar tarefas de misericórdia corporal e espiritual em certas ocasiões.

Com isso, voltamos à existência do *cenobium*, o mosteiro tradicionalmente ligado ao eremitério. O capítulo 38 das *Constitutiones* julga razoável desejar cada eremita auxiliar, por sua vez, no serviço ativo de assistência aos pobres e doentes e na acolhida aos hóspedes. Aqui também se exige sobriedade. Estaria errado o eremita que suspirasse por atividade demasiada; erraria, igualmente, não querendo atividade alguma. Uma atividade bem-proporcionada terá a vantagem de tornar sua vida solitária mais fecunda e de lhe permitir entregar-se novamente à oração com o espírito repousado e renovado entusiasmo pela vida interior.

A atividade exterior a que nos referimos aqui, falando de caridade, tem por objeto os hóspedes que chegam de fora e difere, é claro, da atividade comum que o eremita exerce normalmente quando trabalha manual ou intelectualmente em sua cela. Difere também dos serviços habituais a que está obrigado ao participar da rotina cotidiana, simplificada, aliás, da comunidade eremítica. É, portanto, evidente que o eremita camaldulense não vive no absoluto isolamento e que não lhe faltam numerosas oportunidades de exercer a caridade, sem por isso se ver atordoado por tarefas e atividades externas.

As *Constitutiones* insistem no fato de que é extremamente necessário aos eremitas cultivarem seus sentimentos humanos, sobrenaturalizando-os por um espírito de misericórdia e compaixão: *Pietas solitariis valde necessaria est*[59]. Devem ser bons, mansos, suaves, compreensivos. A razão por que se insiste nessas virtudes é, naturalmente, que na profissão de solitário há sempre o risco de uma crescente insensibilidade pelos valores humanos. Isso, sem dúvida alguma, deve ser considerado um perigo, não uma virtude. Não se recomenda que o solitário se torne "duro". Pelo contrário, se o coração fica empedernido, o caminho para a santidade fica impedido. A porta estreita não se abre àqueles que não têm simpatia humana e não são capazes de afeição sobrenatural.

Pietas (diz o autor citado) é uma espécie de disposição do coração que, por uma misericordiosa ternura, mostra-se paciente e compreensivo para com as fraquezas alheias, pois, frequentemente, os solitários dão provas de indevida severidade e rigor em relação aos outros, sob pretexto de austeridade eremítica, como se eles próprios não fossem como os demais.

---

59. *Constitutiones*, 41.

O terreno propício onde essa virtude é praticada e adquirida é, mais uma vez, a vida comunitária rudimentar que ainda subsiste entre os camaldulenses. Ninguém aprende a ser bom sem contato com a fraqueza humana e, mesmo na ermida, há obrigação de praticar sobretudo aquela caridade que é a plenitude da lei. Não há perfeição cristã sem participação à terna simpatia e à paciência que o Salvador do mundo externou para com os fracos, os maldotados, os não amados e os infelizes pecadores.

Embora se deva insistir nessas virtudes, na vida do solitário, porque são inseparáveis da própria vocação do cristão, não constituem, todavia, a verdadeira essência de sua vocação. Essa é, de modo especial, antes de tudo, um chamado à solidão e à contemplação. E, na realidade, a maior parte do tempo do eremita é passada no isolamento da cela, sem ter a oportunidade de praticar essas outras obras de misericórdia. A paciência e a estabilidade são as virtudes mais importantes, fundamentais e específicas do camaldulense, unidas à meditação e ao silêncio, sem o que a cela seria apenas um túmulo. Aliás, quando um solitário perde o verdadeiro espírito de sua vocação, sua cela não o pode mais conter. Lança-o fora como o mar lança à praia um corpo morto[60].

Daí a importância de uma ocupação constante e frutuosa, que deve ser, de preferência, interior e espiritual, sem exigir demasiado movimento. É evidente que haverá uma parte do tempo dedicado à limpeza, à arrumação

---

60. *Constitutiones,* 41.

e ao trabalho na horta, pois cada cela tem um jardim bastante espaçoso cercado por um muro. As *Constitutiones* fazem alusão às idas dos eremitas à floresta para rachar lenha e apanhar gravetos. Na época presente, os solitários camaldulenses colhem ervas e resinas na floresta a fim de destilar um licor, cuja venda contribui para a subsistência do eremitério.

No silêncio da cela, as principais ocupações do eremita além da oração meditativa são a leitura, o estudo, a recitação dos salmos. Há outras ocupações simples, que não são incompatíveis com a vida solitária, tais como escrever, desenhar, a fabricação de terços ou alguma obra de artesanato. As ocupações de tendência mais espiritual são preferidas porque não perturbam "a tranquilidade do eremitério" introduzindo alguma indevida agitação. Contudo, geralmente é permitida certa liberdade e o espírito da vida camaldulense é elástico e flexível para não paralisar a ação do espírito ou esmagar a fraqueza humana por uma limitação muito rígida.

Quando o eremita tem esse espírito e o vive plenamente, traz consigo uma alegria que não é comparável a coisa alguma neste mundo. "Ao eremita tranquilo e perseverante, a permanência na cela traz suave consolação e abençoado silêncio, que parecem um antegozo do paraíso"[61].

De todas as Ordens Monásticas descritas no presente livro, os camaldulenses são, numericamente, a menor. Em vão procuraríamos uma fundação de eremitas

---

61. *Constitutiones*, 41.

camaldulenses nos Estados Unidos. Há cinquenta anos houve uma no Brasil, mas atualmente não existe mais.

Os camaldulenses estão divididos em dois grupos, um dos quais mantém tanto ermidas como mosteiros cenobíticos. O outro grupo prefere manter a vida exclusivamente eremítica e não tem nenhum *cenobium*. A sede da primeira dessas Congregações está situada em Camaldoli e é designada sob o nome de "Monges-Eremitas de Camaldoli". Tem mosteiros e eremitérios em diversas regiões da Itália. O segundo grupo, chamado "Eremitas Camaldulenses de Monte Corona", tem eremitérios na Itália, Espanha e Polônia.

Até época recente havia um eremitério no sul da França, que desapareceu antes da Segunda Guerra Mundial. Foi em seguida ocupado pelos Frades Carmelitas Descalços, que restabeleceram o antigo costume da Ordem de terem alguns lugares solitários, "desertos" ou eremitérios para onde, periodicamente, podem retirar-se. Aqui, os frades podem viver recolhidos durante alguns meses ou um ano e renovar, na solidão, o contato com Deus, tão essencial para um apostolado fecundo.

O mundo dos homens vive esquecido das alegrias do silêncio, da paz desfrutada na solidão necessária, até certo ponto, a uma vida humana vivida em plenitude. Nem todos os homens são chamados à vida eremítica, mas todos necessitam de certa dose de silêncio e solidão para permitir-lhes ouvir, ao menos ocasionalmente, a voz interior profunda do seu verdadeiro "eu". Quando essa voz não é ouvida, quando o homem não consegue atingir a paz espiritual que vem do fato de estarmos em perfeita união com o nosso ser verdadeiro, a vida se torna desgraçada e exaustiva, pois o homem não pode ser feliz por muito tempo se não se mantém em contato com as fontes de vida espiritual, ocultas nas profundezas de sua alma.

Se vive constantemente alheio ao que em si tem de mais íntimo, exilado da própria morada interior, impossibilitado de se encontrar com a solidão espiritual, deixa de ser uma pessoa. Não vive mais como um ser humano. Nem é mesmo um animal sadio. Torna-se uma espécie de autômato, funciona sem alegria porque perdeu toda espontaneidade. Não é mais movido por dentro, apenas do exterior. Não toma as próprias decisões, deixa que outros o façam. Não age sobre o mundo exterior, consente que este aja sobre ele. É empurrado, atravessando a vida por meio de uma série de choques com forças externas. Sua vida não é mais a de um ser humano, mas a de uma bola de bilhar passiva, de um ser sem finalidade e sem nenhuma correspondência profunda e válida para com a realidade.

A sóbria e serena beleza do ideal monástico e, de modo particular, a austera simplicidade e a alegria da solidão contemplativa frequentemente são postas em relevo para servirem de contraste e condenação ao mundo pecador. E isso é justo. A humildade do monge é, de fato, uma condenação da insolente autossuficiência do homem moderno, seja ele totalitário ou capitalista.

A pobreza e a renúncia do monge, sua mansidão, sua obediência e sua solidão condenam a ganância insaciável, a deplorável ausência de autodomínio, a pusilânime dependência do homem à mercê da sociedade moderna.

Mas, ao propor ao mundo a santidade da vida monástica como exemplo, não pretende a Igreja apenas humilhar e exprobrar os pecadores. Na verdade, essa nunca é sua atitude. É mãe cheia de bondade. Sua autoridade visa ao desenvolvimento do homem, quer ajudá-lo a crescer e encontrar a felicidade; não quer apenas puni-lo, reprová-lo, retirando-lhe até as últimas gotas de vitalidade e alegria que lhe restam na alma.

Portanto, a vida monástica é sempre um testemunho da alegria, da vitalidade e da fecundidade da vida da Igreja. É nesse sentido, sobretudo, que o monaquismo há de manifestar sempre as inesgotáveis reservas de santidade da Igreja. Pois santidade e vida são uma só coisa: a santidade consiste naquele valor especial da vida que vem diretamente de Deus à alma do homem. Santidade é vida vivida em plenitude e em união com o Deus vivo. Vida que aperfeiçoa as capacidades mais profundas da natureza humana antes de elevá-la à perfeição da união sobrenatural e mística.

Bem o sabiam os Padres do Deserto. Um deles, o Abade Isaías, explana a doutrina tradicional dos padres. Diz que o homem, criado à imagem de Deus, foi feito para a união perfeita com ele. Havendo, pelo pecado de Adão, perdido essa capacidade para a união, recobrou-a em Cristo. Por Cristo, o homem reencontra a perfeição primitiva destinada por Deus à natureza humana. A vida cristã é, portanto, um retorno ao "Paraíso", uma restauração parcial da alegria e da paz da vida contemplativa de Adão no Éden. A paixão de Cristo, salvando o homem curou-lhe também o corpo e todas as suas faculdades. Em verdade, o poder santificador da cruz derramou-se sobre o mundo inteiro; o homem se vê novamente habilitado a encontrar Deus em si próprio e em tudo mais.

A doutrina patrística constitui a base de tudo que dissemos ao considerar a vida monástica. São estas as palavras do Abade Isaías:

> Não quero que ignoreis, irmãos, que ao criar o homem, Deus o colocou no Paraíso, com todas as faculdades da alma em perfeita ordem e em conformidade com sua natureza. Mas depois de haver o homem se deixado enganar, prestando ouvidos ao sedutor, todas as suas faculdades se voltaram contra sua natureza e decaiu da primitiva dignidade que lhe era própria. Entretanto, Nosso Senhor, impelido por sua grande caridade, manifestou sua misericórdia a toda a humanidade. O Verbo encarnou, quer isso dizer, tornou-se homem perfeito, semelhante a nós em tudo, exceto no pecado, a fim de que, pelo seu Santo Corpo, fosse em nós restaurada a perfeição primitiva da natureza. Pois, ao manifestar ao homem sua misericórdia, reconduziu-o ao Paraíso... Deu-nos um meio de servir a Deus na santidade, e uma lei pura, a fim de que pudéssemos voltar àquele estado de natureza em que fomos criados[62].

---

62. Oratio XI, *De Mente secundum naturam*.

Essa "volta ao Paraíso", essa restauração na ordem da caridade perfeita em que o homem foi criado, é o verdadeiro escopo da vida monástica. Em todas as grandes regras e em todos os documentos tradicionais dos mais autorizados monges da Antiguidade, essa volta ao Paraíso é considerada como uma subida à divina contemplação.

Assim como Moisés, na solidão do Monte Horeb, conduziu seus rebanhos até as regiões mais recônditas do deserto e, ali, contemplou a sarça ardente e ouviu a voz que lhe falou, aprendendo dessa voz o Nome Santo e indizível de Deus, assim também, penetra o monge no ermo, pelo silêncio e pela perfeita solidão. Ali, descobre a "sarça ardente", isto é, o seu próprio espírito, que arde como o fogo de Deus sem se consumir.

Para contemplar esse tremendo mistério deve ele imitar Moisés e retirar as "sandálias" de seus pés – ou elevar-se acima de todos os conceitos que possa ter sobre Deus, pois o Deus de quem ele se aproxima não é um mero "objeto" capaz de ser contido dentro dos limites de um conceito. É o Deus Vivo, ardendo como chama intangível, na própria substância de nosso espírito, que dele recebe toda a sua vida. Só a alma que arde nessa chama divina pode percebê-lo.

A chama de Deus é a chama de pura vida, do Ser Infinito, da Realidade Absoluta. Só podem conhecê-lo aqueles que abandonaram toda a falsidade e toda a ilusão, toda a mentira e todo o fingimento. Mais do que isso, abandonaram a si próprios e elevaram-se acima de si mesmos, passando além de si. Transcendendo-se desse modo, realizaram-se com a máxima perfeição, não mais vivendo em si mesmos, mas nele.

A voz que ouvem não é mais a voz da intuição filosófica nem o eco das palavras da revelação divina, mas a própria substância da Realidade – Realidade não como conceito, mas como Pessoa.

Tu, que vives no ermo e levas vida solitária, havendo conduzido teus rebanhos, isto é, teus simples pensamentos e humildes afeições até as profundezas de tua vontade amorosa, encontrarás a sarça da tua humildade – que até o presente só produzira cardos e espinhos – radiosa da luz de Deus, pois estarás glorificando a Deus e o terás em teu próprio corpo. Esse é o fogo divino que nos ilumina sem nos queimar, irradia sem nos consumir... E a sarça que arde sem se consumir é a natureza humana inflamada com o fogo do amor divino sem que o menor sopro de destruição possa prejudicá-la[63].

---

63. Rodolfi, B. *Constitutiones*, c. 1.

Epílogo
O monge e o mundo

O mosteiro não é nem um museu, nem um asilo. O monge permanece no mundo que abandonou, e é, nele, uma força poderosa, embora oculta. Para além de todas as tarefas que poderão acidentalmente se ligar à vocação do monge, ele age sobre o mundo pelo simples fato de ser monge. A presença dos contemplativos é para o mundo o que o fermento é para a massa, pois há vinte séculos o próprio Cristo declarou nitidamente que o Reino dos céus se assemelha ao fermento oculto em três medidas de farinha.

Mesmo sem nunca sair do mosteiro em que vive, nem pronunciar uma palavra ouvida pelos demais homens, está o monge inextricavelmente envolvido nos sofrimentos e nos problemas da sociedade a que pertence. Deles não lhe é possível escapar, nem ele o deseja. Não está isento de prestar serviço nas grandes lutas de seu tempo; antes, como soldado de Cristo, está designado para tomar parte nessas batalhas, combatendo no *front* espiritual, no mistério, pelo sacrifício de si próprio e pela oração. Isso ele faz unido a Cristo crucificado, unido também a todos aqueles por quem Cristo morreu. Está consciente de que o combate não está dirigido contra a carne e o sangue, e, sim, "contra os principados e potestades, contra os dominadores deste mundo de trevas, contra os espíritos malignos espalhados nos ares" (Ef 6,12).

O mundo contemporâneo está em plena confusão. Está atingido o ápice da maior crise na história. Nunca, antes, houve tamanha reviravolta na raça humana inteira. Forças tremendas: espirituais, econômicas, sociológicas, tecnológicas e políticas estão em movimento. A humanidade vê-se à beira de um abismo de nova barbárie; restam, todavia, ao mesmo tempo, possibilidades quase incríveis de soluções imprevistas, a criação de um mundo novo e de uma nova civilização, tal como jamais se viu.

Estamos enfrentando o anticristo ou o milênio; ninguém sabe dizer se um ou o outro.

Neste mundo em perpétua mutação, permanece o monge como baluarte de uma Igreja que não muda, contra a qual as portas do inferno não podem prevalecer. É verdade que a própria Igreja se adapta porque é ela um Corpo vivo, um organismo em constante crescimento. Onde há vida tem de haver desenvolvimento. Na Ordem Monástica também deverá manifestar-se adaptação, desenvolvimento, crescimento.

Diante de Deus, diante dos homens, diante do mundo de concupiscência, seu antagonista, está o monge carregado de tremenda responsabilidade, a responsabilidade de continuar a ser aquilo que seu nome significa: um monge, um homem de Deus. Não apenas alguém que abandonou o mundo, mas alguém capaz de representar a Deus neste mundo que o filho de Deus salvou pela morte na cruz.

O mosteiro nunca poderá ser simplesmente o refúgio de uma arquitetura de falso estilo gótico, de cultura clássica e de piedade convencional. Se o monge nada mais é do que um burguês bem-estabelecido na vida, com os preconceitos e o bem-estar de um membro da classe média e a habitual mediocridade que daí deriva, descobrirá que sua vida não foi dedicada a Deus, e, sim, ao "serviço da corrupção", e desaparecerá com tudo que é efêmero.

Por outro lado, a vocação do monge proíbe-lhe descer à planície para tomar parte nas lutas que ali se travam. Só poderá considerar como tentações as opções que o mundo lhe oferece e as oportunidade de tomar posição em favor de uns ou contra outros. A vocação do monge chama-o exclusivamente ao que é transcendente. Está e deverá sempre se manter acima das facções humanas. Isso quer dizer que é suscetível de se tornar vítima de todas elas. Contudo não deve renunciar à posição exclusivamente espiritual que lhe cabe, de maneira a proteger a própria pele ou ter um teto para si.

Todavia nunca a vida monástica deverá ser de tal modo "espiritual" que chegue a impedir toda encarnação. Aqui também haveria infidelidade. O monge tem de permanecer real, e só o poderá ser mantendo-se em contato com a realidade. Mas, para ele, a realidade está encarnada na Criação, obra de Deus, na humanidade, em suas dores, suas lutas e seus perigos. Cristo, o Verbo, encarnou de maneira a viver, sofrer, morrer e ressuscitar em todos os homens, libertando-os, assim, do mal, pela espiritualização do mundo material. Monge, portanto, permanece neste mundo em caos, mundo de carne em que ele e sua Igreja proclamam incansavelmente a primazia do espírito, mas fazem-no dando testemunho da realidade da Encarnação do Verbo. Para o monge, como para todo cristão, "viver é o Cristo".

Já vimos que a comunidade monástica vive da caridade e para a caridade, uma caridade que mantém a *lumen Christi*, a luz de Cristo ardendo na escuridão de um mundo incrédulo. O mosteiro é um tabernáculo em que o Altíssimo habita entre os homens, santificando-os e unindo-os a si em seu Espírito. A comunidade monástica se dedica incansavelmente a todas as obras de misericórdia, em especial às obras espirituais de misericórdia.

Aos olhos do mundo, o mosteiro se ergue como incompreensível sacramento da misericórdia de Deus para com os homens. Incompreensível, portanto incompreendido. Que há nisso de surpreendente? O próprio monge não consegue avaliar plenamente sua vocação; ainda menos pode ele compreendê-la. Contudo a misericórdia de Deus está nele. Se assim não fosse, ele nada seria. Isso é algo que o monge não pode ignorar se é verdadeiramente monge.

Se, em certo sentido, o monge se mantém acima das divisões da sociedade humana, isso não quer dizer que não lhe caiba um lugar na história das nações. Sempre teve e terá por vocação uma atitude de simpatia e compreensão em relação aos movimentos cultural e social que favoreçam o desenvolvimento do espírito humano; por vocação, continuará a fazê-lo.

Os beneditinos celebrizaram-se por seu humanismo e ninguém ignora que os monges preservaram as tradições culturais da Antiguidade. Eles serão sempre parte integrante de qualquer sociedade que favoreça a verdadeira liberdade, pois os próprios mosteiros são centros de liberdade espiritual e transcendente. Como tal, o mosteiro representa, neste mundo, a caridade divina de que todas as liberdades e as comunhões humanas nada mais são do que a sombra.

Por isso é que importa ao monge, acima de tudo, ser aquilo que seu nome significa: um solitário, alguém que, pelo desapego de tudo, tornou-se "só". Mas na solidão e no desapego, o monge tem uma vocação à caridade que atinge dimensões muito maiores do que a de qualquer outra. Pois aquele que tudo abandonou tudo tem, aquele que deixou a companhia dos homens permanece com todos pela caridade de Cristo que nele vive, e aquele que renunciou a si próprio por amor a Deus é capaz de se dedicar à salvação de seus irmãos com o poder irresistível do próprio Deus.

Clássicos da Espiritualidade

Confira outros títulos da coleção em

livrariavozes.com.br/colecoes/classicos-da-espiritualidade

ou pelo Qr Code

Conecte-se conosco:

- **f** facebook.com/editoravozes
- 📷 @editoravozes
- 𝕏 @editora_vozes
- ▶ youtube.com/editoravozes
- 🟢 +55 24 2233-9033

www.vozes.com.br

Conheça nossas lojas:

www.livrariavozes.com.br

Belo Horizonte – Brasília – Campinas – Cuiabá – Curitiba
Fortaleza – Juiz de Fora – Petrópolis – Recife – São Paulo

EDITORA VOZES LTDA.
Rua Frei Luís, 100 – Centro – Cep 25689-900 – Petrópolis, RJ
Tel.: (24) 2233-9000 – E-mail: vendas@vozes.com.br